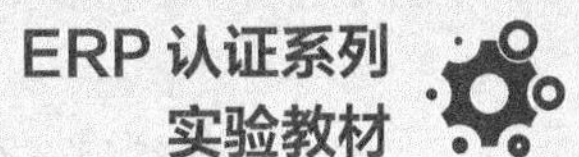

ERP生产供应链管理实践教程（金蝶K/3版）

◎ 胡凌 主编 ◎ 钱莹 副主编

人民邮电出版社
北京

图书在版编目（CIP）数据

ERP生产供应链管理实践教程 : 金蝶K/3版 / 胡凌主编. -- 北京 : 人民邮电出版社, 2014.9(2021.6 重印)
ERP认证系列实验教材
ISBN 978-7-115-36611-5

Ⅰ. ①E… Ⅱ. ①胡… Ⅲ. ①企业管理－生产管理－计算机管理系统－教材 Ⅳ. ①F273-39

中国版本图书馆CIP数据核字(2014)第182765号

内 容 提 要

本书以一个完整的企业运行案例为载体，内容涵盖金蝶ERP-K/3 V13.0系统的供应链、计划管理、生产管理三大ERP系统的核心模块，共13个项目，内容包括ERP概述、期初准备和系统初始化、生产数据管理、主生产计划、粗能力需求计划、物料需求计划、细能力需求计划、采购管理、生产任务管理、委外加工管理、销售管理、仓存管理、存货核算。

本书配有操作视频、练习数据以及数据账套等资源，通俗易懂，架构清晰，既可作为高等院校、职业院校的专业教材或参考书，亦可作为各类成人教育培训机构的培训教材，也可供企业领导、技术人员和管理人员了解和实施ERP参考。

◆ 主　编　胡　凌
副 主 编　钱　莹
责任编辑　刘　琦
责任印制　杨林杰

◆ 人民邮电出版社出版发行　　北京市丰台区成寿寺路11号
邮编　100164　　电子邮件　315@ptpress.com.cn
网址　http://www.ptpress.com.cn
固安县铭成印刷有限公司印刷

◆ 开本：787×1092　1/16
印张：10.75　　2014年9月第1版
字数：259千字　　2021年6月河北第11次印刷

定价：28.00元

读者服务热线：(010)81055256　印装质量热线：(010)81055316
反盗版热线：(010)81055315
广告经营许可证：京东市监广登字20170147号

前　言 Forward

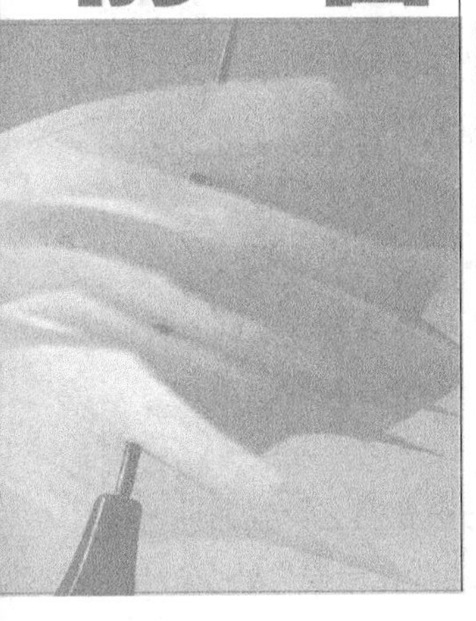

企业资源计划（ERP）系统从 20 世纪 60 年代诞生以来就受到行业的广泛重视，得到越来越多的使用。在五十多年的发展过程中，逐步形成了完整的管理体系，将管理领域发展出来的多种管理思想和方法融合进软件，应用于管理实践，取得了良好的管理成效。同时伴随软件技术的革新，系统的适应性、易用性、延展性和健壮性不断提升，目前已成为最为广泛使用的企业管理信息系统（MIS）之一。

教育界也将 ERP 系统纳入教学领域，在管理相关学科，如工商管理、物流管理、电子商务、连锁经营管理等专业常常将 ERP 系统内容作为专业核心课程来讲授。该课程采用的主要教学方式有两种：一种偏重于 ERP 原理的讲授，重点讲解 ERP 系统涉及的主要知识，目的在于让学生掌握 ERP 系统的设计原理；另外一种主要讲解 ERP 系统的实际操作，也就是讲授 ERP 系统常见模块的基本操作，目的在于让学生掌握基本操作，提升实践技能。但是，由于 ERP 系统非常庞大，其原理源于多个管理学科，只讲授原理，学生理解比较困难；只讲授实际操作，又容易只重操作，忽视原理，让学生难以举一反三，融会贯通。因此在教学中难免遇到学时有限、操作复杂、指导困难等教学障碍，影响 ERP 实际教学效果。为了解决这些问题，本书采用"工学结合开发，强调理实一体化"的教学方法，重点培养学习者的实践和动手能力。

本书基于工作过程进行开发，采用"项目化教学"的理念，以金蝶 ERP-K/3 系统 V13.0 版本为工具，以一个完整企业运行案例为载体，将复杂企业运作过程合理地细分为多个业务任务，将 ERP 系统的相关原理与项目任务相融合，采用先实践后理论的方式，通过任务导入让学生理解企业管理难题，通过实践让学生掌握软件操作技能，通过解决问题帮助学生理解其中蕴藏的管理原理。同时结合教学需要，内容由易到难、层层递进，让学生在不断的实践中逐渐深入理解 ERP 的原理和方法，同时熟练掌握工具，从而将理论和实践有机地结合。

本书的培养目标是为生产企业或者商业企业培养熟悉企业运作过程，掌握 ERP 信息化手段，能完成企业内部供应链的基础操作业务，并能进行业务分析和管理的技能型人才。面向的主要岗位有企业生产计划专员、生产主管、采购员、仓管员、销售文员、物控专员等企业内部供应链基础运营岗位。

本书教学内容涵盖金蝶 ERP-K/3 V13.0 系统的供应链、计划管理、生产管理三大 ERP 系统的核心模块，并本着好用、够用的原则，根据中高等职业教育定位进行了合理的内容取舍。

为了方便实施教学，也为了方便学生自学，本书配套了丰富的立体化教学资源，除了与教材配套 PPT 课件、教案等资源外，本书所有的实际操作内容都配套了完整的操作视频、练习数据、数据账套等资源。

本书共 13 个教学项目，主要由深圳信息职业技术学院相关专业教师编写。其中项目一和项目十三由张立军编写，项目二～项目七由胡凌编写，项目八～项目十二由钱莹编写。同时金蝶软件公司教育培训部的傅仕伟、王炎浩、欧小辉也给予了大力支持和帮助，并提出了很多宝贵建议，在此表示衷心感谢。

本书在编写的过程中，编者应用并借鉴了大量文献资料，参阅了许多图书和网上资料，在此向这些文献与资料的作者一并表示感谢。由于水平有限，本书难免存在疏漏和错误之处，敬请广大读者提出批评和指正意见。

本书使用金蝶 ERP-K/3 软件作为教学载体进行教学，金蝶 ERP-K/3 软件主要针对中小企业开发，覆盖企业供应链、生产管理、财务核算、人力资源等众多企业核心职能，初学者可以通过学习金蝶 K/3 软件，快速掌握 ERP 的核心管理思想和业务处理方法。金蝶 ERP-K/3 V13.0 系统的版权属于金蝶软件（中国）有限公司。

编　者

2014 年 6 月

项目案例介绍

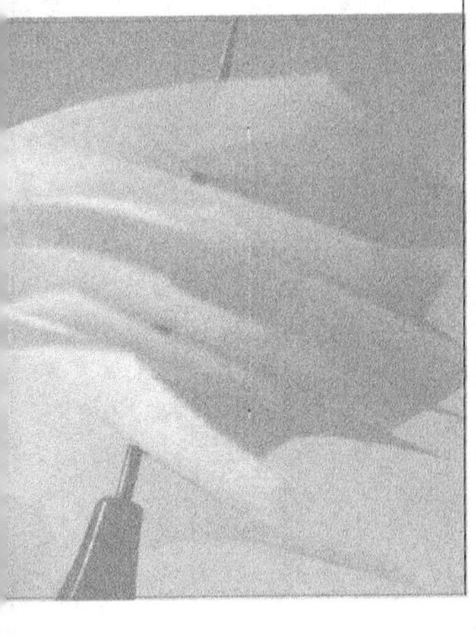

本项目案例依据企业实际运营项目进行编写，并根据教学需要进行了适当的优化调整，保留了企业核心业务环节和具有代表性的业务流程，适度简化了重复性的资料和业务处理内容。同时根据实际教学要求，对业务功能进行了合理的取舍，以达到好用、够用的教学目的。

本项目模拟一家中型企业——创世自行车配件有限公司（以下简称创世公司）的运营过程。创世自行车配件有限公司是一家生产和销售自行车配件的企业，其业务主要有两种类型：一种是配套生产，主要生产登山车、公路车、休闲车等多种车型的车轮、车架、鞍座等零部件，接订单生产，为国外知名企业提供零部件配套；另外一种是代理销售，代理进口一些国外品牌企业的自行车配件，向客户销售。目前企业人员 300 人左右，年营业额几千万元。虽然企业规模不大，但是“麻雀虽小五脏俱全”，企业运营具备工业、商业企业的典型业务特点，是快速发展的中国中小企业中的一种典型业务模式。该企业选择金蝶 ERP-K/3 V13.0 系统作为企业运营管理的平台，管控企业业务运行过程。

本书以该企业为背景，详细介绍该企业如何使用金蝶 ERP-K/3 V13.0 进行企业内部运营管理，从而实现改进企业运作水平，提升企业工作效率，提高企业管理水平的目的。通过学习本书案例，不仅能掌握软件操作，更能体会企业经营之妙。

企业在实施 ERP 系统的过程中都会遇到一系列的问题，下面请跟随我们开始学习探索之旅，看看你能否通过自己的学习帮助企业成功实施 ERP 系统，从而胜任一个企业管理者的工作，将系统和管理有效结合，达到优化企业内部管理的目的；看看在你的手中能否让这个企业更加成熟和壮大。

目 录 Contents

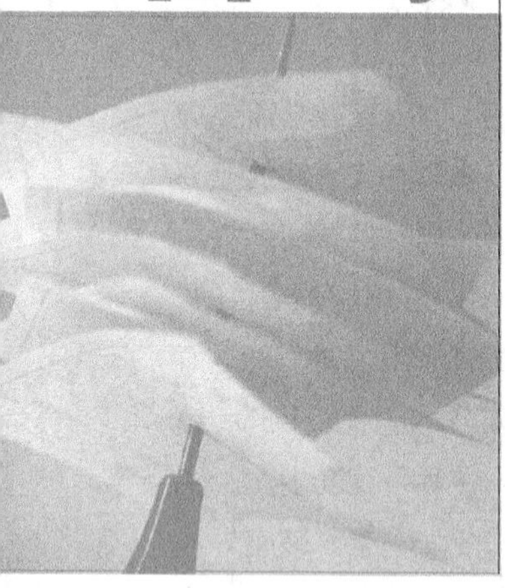

注：*号为选修内容

项目一 ERP 概述

项目重点

- ERP 发展历程
- MRP 阶段的理论和功能特点
- MRPⅡ阶段的理论和功能特点
- ERP 阶段的理论和功能特点
- ERPII 阶段的理论和功能特点

任务一 ERP 发展概述

20 世纪以前的生产管理实践，经验和习惯在管理中起主要作用，没有成型的管理方法。20 世纪初，制造业开始经历了手工作坊向现代大规模生产进化，泰勒倡导“科学管理”，主张用科学化、标准化的管理方法代替旧的经验管理，以达到最高的工作效率。具体措施包括：制定科学的工艺规程和操作方法，使工具、机器、材料、作业环境、操作时间标准化；对工人进行选择、培训、专业分工和晋升；实行具有激励性的计件工资报酬制度。这些措施给当时的企业生产率带来了大幅度的提高，从而开创了现代企业管理的新时代。

紧随泰勒之后，甘特首创用图表进行计划和控制，形成了今天广泛用于编制进度计划的甘特图。福特在泰勒的单工序动作研究的基础上，充分考虑了大量生产的优点，规定了各个工序的标准时间定额，使整个生产过程在时间上协调起来，创建了第一条流水生产线——福特汽车生产线，使成本明显降低。此外，福特还在产品系列化、零件规格化、工厂专业化、机器工具专业化、作业专门化等方面进行了大量的标准化工作。这些理论与实践逐步发展成为一门学科——工业工程，包括工作研究、工厂布置、物流规划和生产计划与控制等方面内容。工业工程的实施和应用，大大地提高了制造业的生产率，降低了成本。直至今天，工业工程仍在制造业的管理中发挥着重要的作用。

20 世纪 70 年代中期世界市场进一步开放和统一，顾客需求个性化，市场竞争加剧，制造业向大量个性化生产靠拢，要求企业具备柔性和应变能力，实行按需生产。企业生产经营活动的最终目的是获取利润，为了达到此目的，就必须合理地组织和有效地利用其设备、人员、物料等制造资源，以最低的成本、最短的制造周期、最高的质量生产出满足顾客需求的产品。为此，必须采取先进且十分有效的生产管理技术来组织、协调、计划与控制企业的生产经营活动。ERP 正是为解决上述问题而发展起来的一种科学的管理思想与处理逻辑，它是企业进行现代化管理的一种科学方法。

ERP 英文为 Enterprise Resource Planning，是由美国 Gartner Group 咨询公司在 1993 年首先提出的概念，ERP 以市场和客户需求为导向，以实行企业内外资源优化配置，消除企业管理过程中一切无效的劳动和资源，实现信息流、物流、资金流、价值流和业务流的有机集成和提高客户满意度为目标，以计划与控制为主线，以网络和信息技术为平台，集客户、市场、销售、采购、计划、生产、财务、质量、服务、信息集成和业务流程重组等功能为一体的现代企业管理思想和方法。

虽然 ERP 的定义是 20 世纪 90 年代才提出，但是提出之前已经经历了多个发展阶段，总体来看经历了 5 个大的阶段：订货点法、MRP、MRPⅡ、ERP 系统和 ERPII 阶段。ERP 是随着生产发展和管理水平的不断提高而产生的一种科学的管理思想、模式与方法的集合体。

任务二 订货点法

企业为了维持均衡的生产，一般会有相应的原材料和产成品库存，作为应付异常变化的一种缓冲手段。但是，库存要占用流动资金，应该考虑机会成本；库存需要场所和管理人员，带来相关费用；库存物可能丢失、变质、贬值、淘汰，造成损失。因此表明，企业在不断地为库存付出代价。于是，如何协调生产与库存的关系、寻求合理平衡，是企业管理者应该关心的问题。

20 世纪 50 年代后期，美国一些企业在计算机的支持下，开始实行库存 ABC 分类管理，根据“经济批量”和“订货点”的原则，对生产所需的各种原材料进行采购管理，从而达到降低库存、加快资金周转速度的效益。订货点法依靠对库存补充周期内的需求量预测，并保持一定的安全库存储备，来确定订货点，即：订货点=单位时段的需求量×订货提前期+安全库存量，如图 1–1 所示。

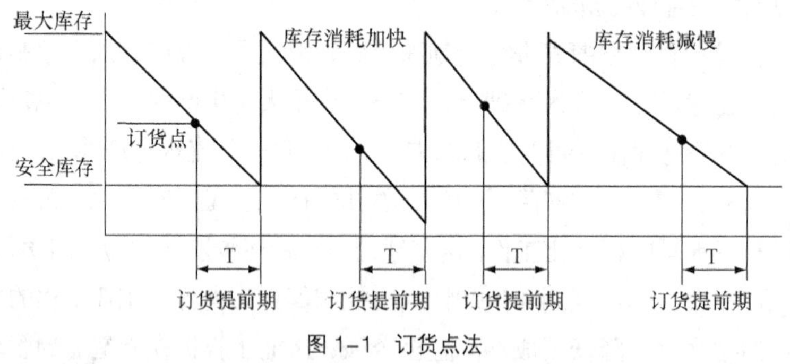

图 1–1　订货点法

订货点法考虑安全库存和提前期，并根据库存消耗速度来判断订货时机和订货量。其模型的假设有：物料消耗相对稳定，物料供应时间也相对稳定。因此该模型比较适合于一些生产供应连续且稳定的行业。但是，由于顾客需求不断变化，产品以及相关原材料的需求在数量上和时间上往往是不稳定和间歇性的，这使得“订货点”方法的应用效果大打折扣。特别是在离散制造行业（如汽车、机电设备行业），由于产品结构较为复杂，涉及数以千计的零部件和原材料，生产和库存管理的问题更加复杂。应用的需求促进了管理技术的发展。物料需求计划 MRP 正是在此社会实践下诞生的。

任务三 物料需求计划

20 世纪 60 年代中期，美国 IBM 公司奥列基博士（Dr. Joseph A. Orlicky）首先提出物料需求计划（Material Requirements Planning，MRP）方案。此方案把企业生产中涉及的所有产品、零部件、原材料、中间件等，在逻辑上统一视为物料，再把企业生产中需要的各种物料分为独立需求和相关需求。其中独立需求是指其需求量和需求时间由企业外部的需求（如客户订单、市场预测，促销展示等）决定的那部分物料需求；而相关需求是指根据物料之间的结构组成关系，由独立需求的物料产生的需求，如半成品、零部件、原材料等。

MRP 的管理思想主要是：根据独立需求确定成品的生产计划，再根据产品结构信息、库存变动信息等计算确定半成品、原材料的需求，尽量用最少的材料完成生产所需，用最短的时间实现产品的生产和交付，从而使得库存维持在尽可能低的水平，加速企业的资金周转，提升效率。

MRP 系统的目标是：围绕所要生产的产品，应当在正确的时间、正确的地点、按照规定的数量得到真正需要的物料；通过按照各种物料真正需要的时间来确定订货与生产日期，以避免造成库存积压。

在 20 世纪 70 年代后期，人们又拓展了 MRP 理论，提出了闭环 MRP，主要是在原有计划生产方式的基础上增加了能力需求计划，从而实现了“计划—执行—反馈”的闭环过程，平衡市场需求波动和生产能力均衡之间的矛盾，使得生产计划更加可行。到此阶段 MRP 的计划管理方法的三大制胜法宝就基本成型了，这三大法宝是：①独立需求与相关需求的划分，确定了物料需求计算时先考虑独立需求再核算相关需求的基本逻辑；②时间分割，将所有需求量都放置在时间坐标上，明确具体的交付时间；③能力平衡，根据生产能力约束条件，调整生产计划以适应生产计划均衡性的要求，同时尽量保持低的库存和快速的交付。该方法由美国生产与库存管理协会（APICS）进行总结提出了以下结构模型，如图 1-2 所示。

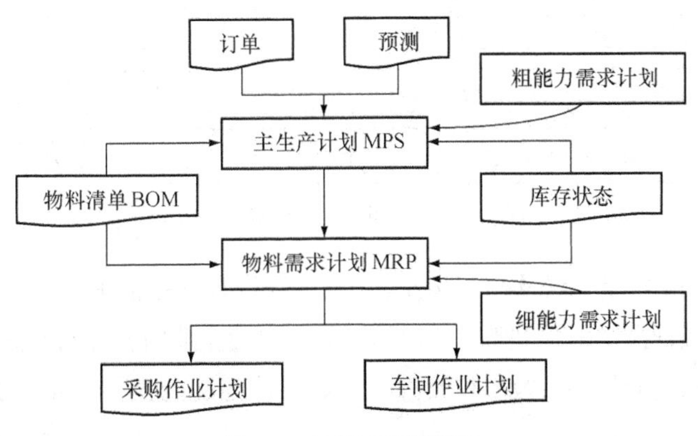

图 1-2 MRP 逻辑流程图

MRP 是生产管理领域的一次重大飞跃。MRP 以物料为中心的组织生产模式体现了为顾客服务、按需定产的宗旨，计划统一且可行，并且借助计算机系统实现了对生产的闭环控制，比较经济和集约化。相比较订货点法有较大的改进，如表 1-1 所示。

表 1–1　　MRP 同定货点法的区别

	消耗	依据	相关需求	库存	供给	优先级
定货点法	均衡	历史资料	不考虑	有余	定时	不考虑
MRP	不均衡	产品结构展开	考虑	减少	需要时	考虑

MRP 理论的提出正好伴随计算机的普及，MRP 系统开始被研发并投入使用，为企业提供了足够准确的物料需求管理数据，产生了巨大的效益，以致 ERP 管理模式的发展一直是以 MRP 为基础进行扩充的。MRP 是 ERP 发展的初级阶段，也是 ERP 的基本核心。

当然，MRP 仍有不足之处，主要表现在它的管理重心仍然局限于生产中的人力、机器和材料等资源的计划与控制，对企业其他领域涉及较少，随着管理推进逐步发展出 MRPⅡ阶段。

任务四　制造资源计划

20 世纪 70 年代末和 80 年代初，物料需求计划 MRP 经过发展和扩充逐步形成了制造资源计划的生产管理方式。制造资源计划（Manufacturing Resources Planning，MRPⅡ）是指以物料需求计划 MRP 为核心的闭环生产计划与控制系统，它将 MRP 的信息共享程度扩大，使生产、销售、财务、采购、工程紧密结合在一起，共享有关数据，组成了一个全面生产管理的集成优化模式，即制造资源计划。为了避免名词的混淆，将物料需求计划称作狭义 MRP，而将制造资源计划称作广义 MRP 或 MRPⅡ。

MRPⅡ和 MRP 的主要区别是，系统开始把企业内部管理所需要的其他资源集成到系统中，例如，采用财务会计和管理会计的功能将企业运营结果进行财务核算与分析，核算生产成本，指导成本控制的方向，加强采购、销售等功能，完整内部供应链管理和优化，集成质量管理改进生产质量控制等。通过这些集成，初步形成比较完整的企业内部管理体系，如图 1–3 所示。

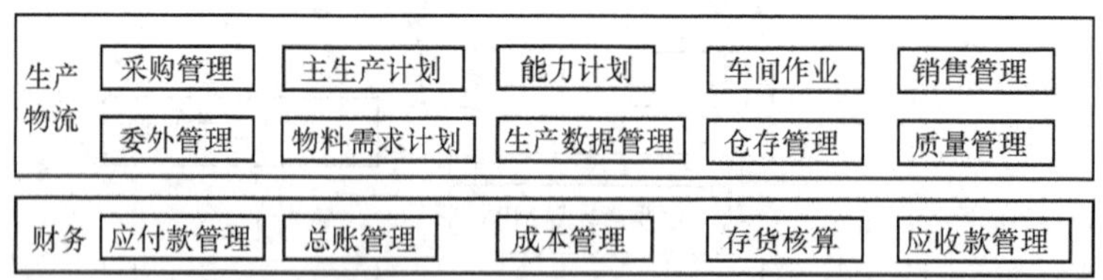

图 1–3　MRPⅡ阶段软件常见功能

从一定意义上讲，MRPⅡ系统实现了物流、信息流与资金流在企业管理方面的集成。由于 MRPⅡ系统能为企业生产经营提供一个完整而详尽的计划，可使企业内各部门的活动协调一致，形成一个整体，所以它能提高企业的整体效率和效益。MRPⅡ成为制造业所公认的管理标准系统。

任务五　企业资源计划

20 世纪 90 年代以来，MRPⅡ经过进一步发展完善，形成了目前的企业资源计划（ERP）系统。

ERP 概念是由美国著名的 IT 咨询公司 Gartner Group Inc. 提出的，由于它反映了 MRPⅡ的进一步发展的特点和要求，所以立即得到广泛的认同。

ERP 是 MRPⅡ（Manufacturing Resources Planning，制造资源计划）的下一代，它的内涵主要是“打破企业的四壁，把信息集成的范围扩大到企业的上下游，管理整个供需链，实现供需链制造。”

就功能方面，Gartner 除了提出 ERP 要能适应离散、流程和分销配送等不同生产条件，采用图解方法处理和分析各种经营生产问题外，在信息集成方面，Gartner 提出了两个集成：①内部集成（Internal Integration，实现产品研发、核心业务和数据采集的集成）；②外部集成（External Integration，实现企业与供需链上所有合作伙伴的集成）。

与 MRPⅡ相比，ERP 除了包括和加强了 MRPⅡ各种功能之外，更加面向全球市场，功能更为强大，所管理的企业资源更多，支持混合式生产方式，管理覆盖面更宽，并涉及了企业供应链管理，从企业全局角度进行经营与生产计划，是制造企业的综合集成经营系统。ERP 所采用的计算机技术也更加先进，新一代数据库，数据可视化技术，多层架构，中间件开发平台等技术都应用在 ERP 系统中，形成了更为强大的一体化企业管理软件系统。

在发展的过程中，不同软件厂商开发的 ERP 软件功能各有差异，我们以金蝶 K/3 ERP 系统的功能架构图以图 1–4 为例，可以看出，在与供应商和客户的供应链协同，在人力资源管控，在企业绩效管理等方面 ERP 都在 MRPⅡ的基础上取得了较大的发展。在内部管理上增强了功能，适应了管理精细化的发展要求。

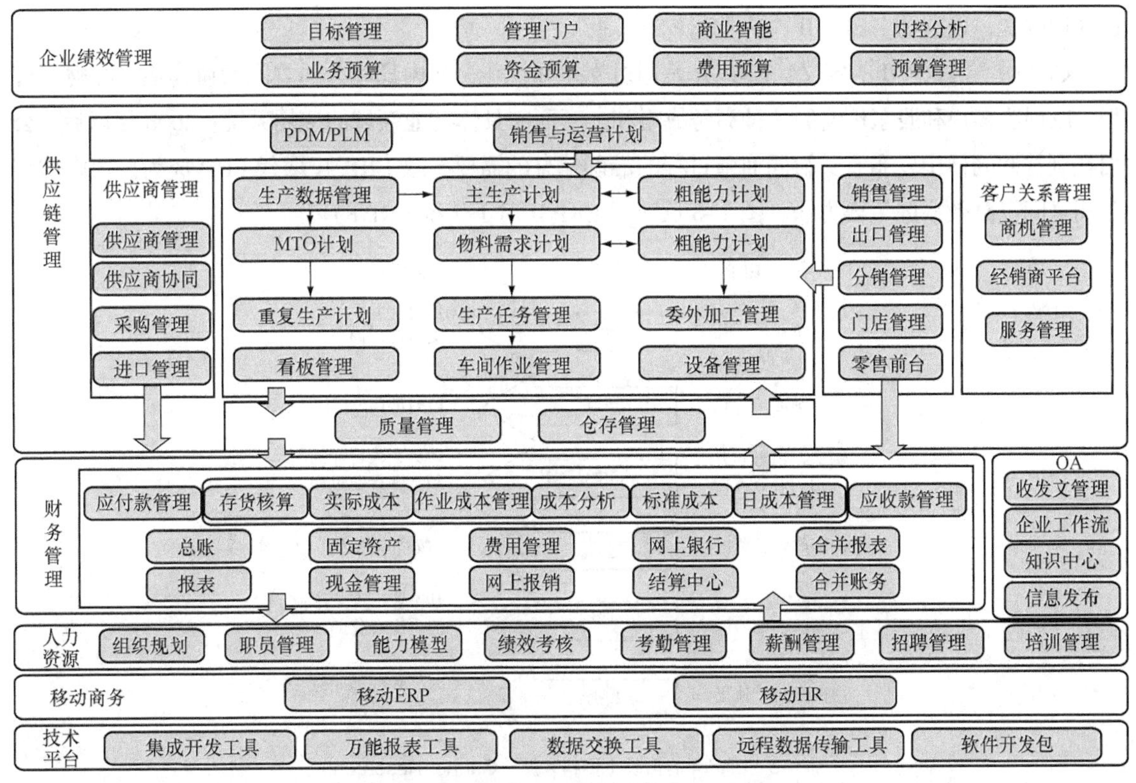

图 1–4 金蝶 K/3 ERP 系统功能架构图

任务六 企业资源计划 II

2004 年，Gartner 又提出一个新的概念——企业资源计划 II（ERP II），并预言 2005 年之后 ERPII 将取代 ERP 成为下一代的企业资源计划战略与应用。我们正处于向 ERPII 发展的过程中，准确定义 ERPII 要实现的功能比较困难，可以跟随 Gartner 的脚步展望 ERPII 的前景。

Gartner 预测：2005 年以后，协同商务将是 ERPII 发展的重要方向之一。在电子商务，虚拟运营等新管理、新模式的发展下，公司正开始把自已从关注内部功能最优化的垂直一体化组织，转变为更灵活的以核心能力为基础的实体，努力使公司在供应链和价值网络中找到最佳定位。这种定位的主要特征是公司不仅仅从事 B2B 和 B2C 电子交易，还参与协同商务（C-commerce）过程。在一个协作世界中，公司的竞争不仅靠产品和服务的实用性、成本和质量，还要靠它们能够提供给协作伙伴的信息质量。

协同商务（Collaborative Commerce），缩写为 c-commerce，是指企业内部人员、贯穿于贸易共同体的业务伙伴、客户之间的协作、电子化的业务交互过程。贸易共同体可以是一个行业、行业分支、供应链或供应链的一部分。

为了使 ERP 流程和系统适应这种改变，用户开始重新设计 ERP 过程以包括外部的因素，因此目前大量的 ERP 系统在结构上以及商业应用前景方面显得过时了。结果导致提出 ERP 的价值基础正在被改变，发展为“ERP II”或“ERP 第二版”。

Gartner 给 ERP II 的定义：ERP II 是通过支持和优化公司内部和公司之间的协作运作和财务过程，以创造客户和股东价值的一种商务战略和一套面向具体行业领域的应用系统。2005 年以后，公司在利益共同体中发布有关协同商务过程的准确信息的需要导致 ERP II 取代 ERP 成为公司内部和公司之间提高效率的主要方法。图 1-5 反映了 ERP II 对于传统 ERP 的拓展。

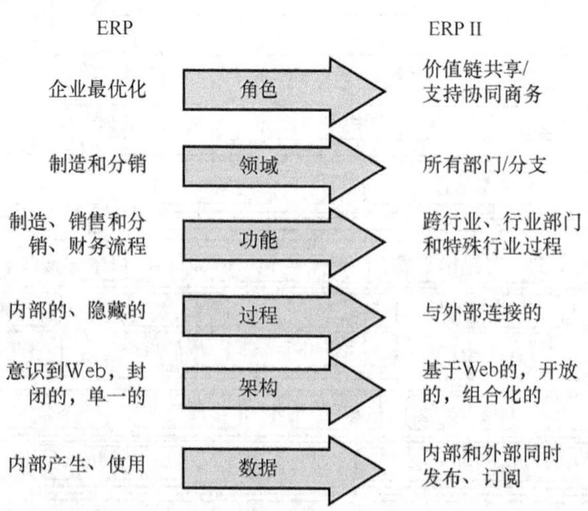

图 1-5　ERP II 的拓展（资料来源：Gartner Research）

除了协同商务以外，社交网络、大数据、云计算等新兴技术和产业的发展，也给 ERP 带来了变化，ERPII 阶段，企业利用大数据的分析实现企业价值最大化，软件由销售模式转变为云服务模式，系统使用的边界扩展，从传统员工、上下游用户，拓展到社会消费者、协同设计者等，这些变化已经在悄然发生，相信在经过数年发展，ERPII 一定会发展到一个新的高度。

任务七 ERP 软件市场概述

ERP 软件属于企业管理软件的范畴，发展时间较长，软件厂商众多。我们可以从不同的分类来看待 ERP 市场，可以按行业划分，按软件架构划分等。从软件规模和复杂程度上，大体可以将 ERP 软件提供商分为 3 个阵营。

第一个阵营是大型 ERP 软件提供商。例如，SAP、Oracle 等公司，他们有几十年的发展历史，产品相对成熟、可靠、全面，并能适应大规模跨国化经营的需求。这些软件是在成熟的市场经济环境下的产物，因此也代表着世界先进的、科学的、成熟的管理思想，软件功能复杂，实施过程相对较长，价格也比较昂贵，项目金额常在千万元以上，一般适合大型企业集团使用，20 世纪 90 年代末的一项统计显示世界 500 强中约有 80%以上的企业都使用了大型 ERP 软件。

第二个阵营是中型软件供应商，例如，People Soft、Infor、金蝶、用友，神州数码等，他们在功能上没有大型 ERP 软件那么复杂，功能复杂度适中，企业学习使用的难度也较小，往往在某些功能模块上有突出特点，或者在产品本地化上有优势，他们的软件是在成熟的市场经济环境下开发的，反映了成熟的市场经济管理要求，产品相对成熟、可靠。因此比较适合中小企业使用。单项目金额常常在几十万元到数百万元不等。中型软件一些领导厂商也正在开发一些面向中高端客户的版本，提升软件水准，向第一阵营的软件厂商发起挑战。

第三个阵营是小型软件供应商，其软件功能模块较少，一般主要具备一些 ERP 系统的基本功能，例如，财务会计、进销存管理等。价格便宜，常常在万元左右。上手简单，学习难度较低，非常适合小微企业、创业型公司使用。

在 ERP 软件购买时，还要考虑采购使用的模式，目前有两种模式。

（1）产品销售模式。软件销售给终端客户，销售价格一般包含 3 个部分：软件售价、实施服务价格，技术服务价格。软件售价是对软件版权购买的价格，ERP 行业一般是按照功能模块价格乘以站点使用数进行定价。实施服务价格是辅导企业上线 ERP 系统的价格，一般是按服务人员服务天数收取或者按照软件销售价格的一定比例收取。技术服务价格是软件上线成功后，后续使用进行技术维护服务的收费价格，一般按照年费收取或者按照上门服务人员服务天数收取。ERP 行业目前主要采取这种产品销售模式。因此不同企业，不同需求和规模，需要支付的费用也往往有较大差异。

（2）软件租赁模式（云服务模式）。这是目前正在兴起的模式，随着技术的成熟，尤其是数据安全技术的发展，企业开始采用云服务模式。这种模式下企业无须投入硬件资源，也减少了企业内部系统维护人员的成本，可以按需定制功能，并可以适应负载弹性变化，实现灾难备份，绿色节能，并能够更容易和外部系统对接，因此越来越受到企业欢迎。在这种模式下，软件价格主要根据租赁时间、资源需求量、用户数的多少来综合考虑。

由于 ERP 软件产品丰富，功能复杂，价格昂贵，产品选型成为 ERP 项目成功的关键因素。需要慎重考虑软件的功能适应性、拓展性、价格等诸多因素。ERP 软件选择既不能贪大求全，也不能削足适履，“适合的才是最好的”是 ERP 选型的重要原则。

项 目 小 结

从前面的分析我们得知，ERP 从最初起源至今发展了 50 多年时间，在快速变化的 IT 业界，其生命周期之长，也是一个奇迹。之所以能够长期受到企业的欢迎和使用，是因为其一直紧跟企业管理需求的变化。当企业有管理需求，软件应用新的管理方法和 IT 技术来实现，发展新的功能满足管理需求，走出了一条渐进式持续发展的道路，如图 1-6 所示。

• 管理有需求

• 软件提供功能

• 实现功能需要技术的支持

图 1-6　ERP 发展的逻辑

迄今为止 ERP 发展已经经过了 5 个阶段（见图 1-7），每个阶段软件都在原有功能的基础上根据客户需求不断创新和完善，在这个过程中软件逐步丰富，体系不断发展壮大，形成了现有的应用规模，相信只要保持不断的改革和创新，ERP 软件仍然还有较长的发展潜力，为企业进行科学管理提供有力的支撑。

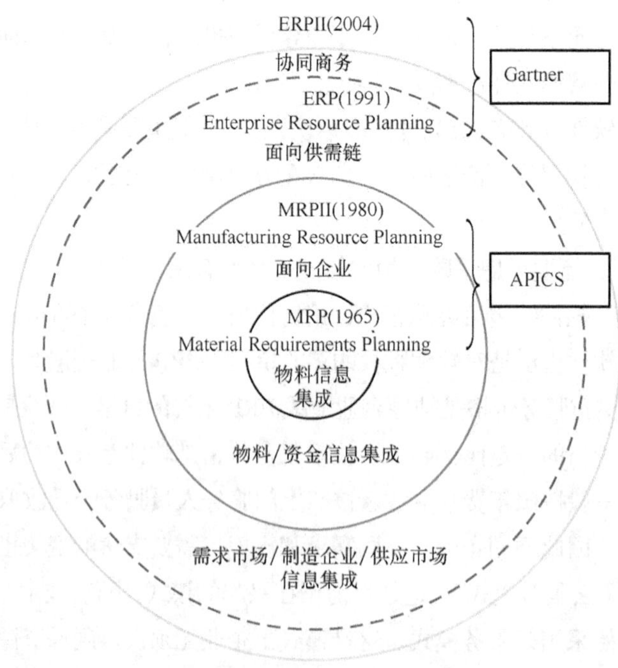

图 1-7　ERP 发展历程图

项目二 期初准备和系统初始化

项目重点

- 会计科目设置
- 币别/汇率体系设置
- 计量单位设置
- 仓库设置
- 物料设置
- 期初数据准备

任务一 账套设置和用户管理

一、账套的建立和管理

任务引入

创世自行车配件有限公司决定全面应用金蝶 K/3 系统作为企业信息化管理平台，整合企业的各个管理环节。2014 年年初管理层经过反复讨论确定了在这一年分阶段、有计划地在企业实施整个 ERP 系统。工作随即展开。

在 ERP 实施顾问胡工的指导下，在全公司都安装好了 K/3 系统。公司 CIO 张工很高兴地打开了桌面的金蝶 K/3 图标，一个错误提示却出现在眼前："没有可用的账套"。账套是什么东西？张工满脸疑惑地看着胡工。胡工笑着解释道："从管理角度看，账套是企业进行日常业务操作的对象与场所，也就是说，我们日常的业务操作都是在某个账套中进行的，它是一个公司日常运营所有数据的集合；从软件技术角度看，它以一个数据库实体的形式存放于安装了数据库软件的服务器上。没有账套，就没有存储数据的空间，ERP 软件当然没法用了。""那就快来建立公司的账套吧。"张工急不可待地说。

操作步骤

1. 登录账套管理程序

进入安装了中间层的服务器，依次选择桌面【开始】→【程序】→【金蝶 K/3 标准版】→【金蝶 K/3 服务器管理工具】→【账套管理】，初次登录，输入管理员账号和密码，默认账号为 admin，密码为空，进入账套管理程序（进入后，密码可在【系统】菜单中修改）。

2. 设置组织结构

选择菜单【组织机构】→【添加组织机构】，输入表 2-1 中的内容。

表 2-1　添加组织机构

机构代码	机构名称	访问口令	确认口令
01	创世公司总部		

3. 新建账套

选择菜单【数据库】→【新建账套】，输入表 2-2 中的参数。

表 2-2　新建账套参数设置

项目	设置值	说明
账套号	01.01	编号 01.*是前面设置的组织机构代码，需要保持一致
账套名称	创世自行车配件有限公司	
账套类型	标准供应链解决方案	参见相关知识 3
数据库实体	默认值	SQL SERVER 数据库中的数据库实体名称，可以自定义
数据库存放路径		根据自己的计算机分区情况设置
数据库文件路径		根据自己的计算机分区情况设置
系统账号	SQL SERVER 身份登录 系统用户：sa 密码：空	系统用户和密码要和 SQL SERVER 的系统管理员账号一致

4. 设置账套参数

选中刚才新建的账套，选择菜单【账套】→【属性设置】，进入设置界面，如表 2-3 所示。

表 2-3　新建账套的属性设置

项目	设置值
机构名称	创世自行车配件有限公司
地址	深圳创业路 1018 号
电话	0755-2500000
记账本位币	RMB
名称	人民币
凭证过账前必须审核	不勾选
启用标准成本体系	不勾选
会计期间	2014 年 第 1 期

5. 启用账套

设置并保存参数后，系统会提示启用账套，也可以选择菜单【账套】→【启用账套】正式启用账套。

操作一点通

由于账套建立只能在安装金蝶 K/3 中间层的服务器上进行，账套建立过程可以由老师完成，可以设置好一个标准账套模板，再采用“账套备份”和“账套恢复”功能快速建立学生账套。

账套的其他管理动作。系统管理员还可以对账套进行备份、恢复、删除、升级等日常维护工作。由于不是本书的教学重点，具体操作请参考系统管理员手册，本书在此不再详述。

相关知识

1. 企业设置多少个账套最合适

这是一个比较复杂的问题，需要考虑企业管理模式、分支结构数量、使用时间等众多因素，没有完全确定的标准。不同 ERP 软件对此也有差异。在金蝶 K/3 系统中，一般情况下，企业有一个需要进行财务独立核算的实体机构就需要设置一个账套。因此当企业拥有多个独立核算分公司或二级分公司时，常常需要设置多个账套。

2. 账套分组织机构管理

当账套数量较多时，可以根据自己的需要建立组织机构，方便管理。例如，某企业集团拥有 300 多家分公司和二级子公司，需要使用金蝶 K/3 进行集团财务管理，那么划分清晰的组织结构就显得非常重要。如果分公司数量较少，也可跳过组织机构设置，直接建立账套。

3. 账套的类型

金蝶 ERP-K/3 V13.0 中，根据不同的企业应用模式提供了不同的解决方案（账套类型），主要有以下 5 种，如表 2-4 所示。

表 2-4　　金蝶 ERP-K/3 V13.0 的账套类型

账套类型	使用范围
标准供应链解决方案	适用于工业、工商一体化的企业供应链、生产制造、人力资源和标准财务管理
商业企业通用解决方案	适用于商业企业供应链、人力资源和标准财务管理
标准财务解决方案	适用于除合并账务系统、合并报表系统之外的纯财务业务
集团财务解决方案	适用于纯财务业务，用于集团财务管控
战略人力资源解决方案	适用于人力资源业务

注意　不同账套类型和不同的系统功能相匹配。从技术上来说，不同类型账套的数据库结构有差异，如果选择不正确，会造成某些需要采用的功能模块无法使用，因此请根据企业情况慎重选择。

4. 本位币设置

本位币是该企业财务核算记账的功能货币，一般选择企业所在地的货币为准。本位币是在系统账套建立时就必须设定的。其汇率固定为 1，一经设定不允许修改。其他货币都相对本位币换算。

二、用户管理

任务引入

当系统账套一建立好，张工就立刻高兴地对胡工说："我们马上通知大家开始使用系统吧！"胡工却说："不要急，要想企业这么多员工都使用系统，首先要给大家分配账号，没有用户分工和权限设置，很容易造成数据混乱！"

操作步骤

1. 登录系统

单击一台客户机桌面上的【金蝶 K/3WISE 创新管理平台】图标，一个蓝色登录界面出现在屏幕上，单击简体中文的语言模式，找到刚才设置的组织机构和账套，选择“命名用户身份登录”，输入默认用户：administrator，密码为空，单击“确定”按钮，金蝶 K/3 系统的程序界面就呈现在眼前了。

Administrator 账号是每个账套默认的管理员账号，拥有最大的管理权限，不能进行名称或权限的修改。进入系统后可以对它设置密码，以保障账套的安全。

操作一点通

登录系统后，金蝶 K/3 ERP V13.0 版本有 2 种界面风格，传统风格和树形目录风格，可以单击系统左上角“K/3 主界面”（传统风格）或者“K/3 流程图”（树形目录风格）进行两种界面风格的切换，根据自己的喜好灵活选择。

系统目录分为 4 层结构，可以依次选择找到需要使用的明细目录。本书写依次选择【系统设置】→【基础资料】→【公共资料】→【科目】，就表示依次单击一级菜单中的【系统设置】，二级菜单中的【基础资料】，三级菜单中的【公共资料】，双击第四级菜单中的【科目】，就可以进入到相应功能模块，以下类似。

2. 添加用户

在【系统设置】→【用户管理】→【用户管理】→【用户管理】中建立一个用户。

选中“K/3 用户”，选择菜单【用户管理】→【新建用户】，输入以下信息（见表 2-5）后单击“确定”按钮保存。

表 2-5　新建用户信息设置

用户页			认证方式页
用户名	用户有效日期	密码有效期	密码认证：传统认证方式
自己姓名	√用户始终有效	√密码始终有效	输入密码 2 次

操作一点通

金蝶 K/3 系统支持中文用户名的使用。

3. 设置权限

新建立的用户只具有最基本的查询权限，如果要正常使用，则需要进行详细权限设置。金蝶 K/3 系统具备完整的权限设置功能，可进行功能权限、数据权限、字段权限 3 个维度的权限设置，完全可以满足企业复杂权限分配的需要。由于权限设置较复杂，具体设置请参考系统管理员手册，本书在此不再详述。

4. 用户组设置

本案例中，请将新增的用户（以自己姓名命名）加入 Administrators 组，赋予其管理员权限，以便于初学者学习和使用系统。操作方法：双击自己新增的用户账号，选择“用户组”页，将“Administrators”组添加到左边“隶属于”列表中，单击“确定”按钮退出。

操作一点通

加入“Administrators”组的用户，不能再进行功能权限、字段权限或数据权限的设定。因为它已经拥有所有权限。

5. 切换用户身份重新登录系统

选择主菜单【系统】→【更换操作员】，或者退出系统后重新登录，输入刚添加的用户名和密码，重新登录系统，完成后续操作。

相关知识

1. 用户权限设置说明

功能权限管理指对子系统的每一个具体功能进行授权，允许用户可以进入哪些子系统使用哪些功能。例如，对于财务主管，需要总账模块的完全操作权限，那么就需要设置该用户对总账模块的功能权限。

字段权限是指对各子系统中某数据类别的字段操作权限，默认系统不进行字段权限检查。当授权用户对指定字段设置了字段权限控制后，用户对该数据类别的指定字段操作时进行权限检查。只有当用户拥有了该字段的字段权限时，才能对该字段进行对应的操作。例如，如果对于同一张销售订单，企业销售人员可以看到销售单价，但是希望仓储人员在进行销售发货时不能看到价格。那么就可以对两种用户设置不同的字段权限。因为在数据库中，销售价格是数据表中某一个字段的数据，因此这种权限设置称为字段权限。

数据权限是指对系统中具体数据的操作权限，分为数据查询权、数据修改权、数据删除权。通过数据权限设置，对于同一种数据，可以设置不同用户查看不同范围。例如，对于客户资料，希望不同销售员只能看到自己负责的客户资料，那么就可以采用数据权限。

三个维度的权限设置可以满足绝大部分企业权限设置的需要，不过权限设置越复杂，运算量就越大，对服务器的硬件要求也越高。

2. 用户组设置说明

在设置用户权限时，同类型的用户往往具有相同的权限，我们可以对该类用户设置一个用户组，对用户组设置权限，然后将同类用户都加入该用户组，就可以快速赋予这些用户相同的权限。系统中有几个特殊的用户组，具有特殊的权限，如表 2–6 所示。

表 2–6　系统中特殊用户组的权限

用户组	功能
Users	默认用户组，没有任何权限。不能修改其权限。所有新增用户都默认属于该用户组
Administrators	系统管理员组，拥有使用系统的所有权限。不能修改其权限。属于该用户组
Cashiers	收银员用户组，具有基本资料查询和零售系统的现金结算权限
ReportUsers	报表管理员组，仅具有所有报表的查询管理权限

任务二　核算参数和系统参数设置

一、核算参数设置

任务引入

经过企业管理层和 ERP 实施顾问的仔细讨论，考虑到 ERP 系统模块众多，决定第一期首先上线供应链和生产管理子系统，并且确定 2014 年 9 月 1 日作为供应链模块启用的时间。于是，项目成员立即开始了前期紧张的准备工作。

该企业要求拥有的所有物料都纳入金蝶 K/3 ERP 系统管理，既要精确计算其数量，又要准确核算其价值。而在物料的流转环节，只有持有部门主管签字审核过的出入库单据，才能到仓库办理相应物料的出入库手续。根据该企业的要求如何进行准备工作的第一步核算参数设置呢？

操作步骤

依次选择【系统设置】→【初始化】→【存货核算】→【系统参数设置】，按表 2–7 中的条件进行设置。

表 2–7　　核算参数设置

启用年度	2014	启用期间	第 9 期
核算方式	数量、金额核算	库存更新控制	单据审核后才更新
是否启用门店管理	不启用		

操作一点通

核算参数的修改前提有两个：①供应链系统处于初始化阶段；②供应链系统中不存在任何已录入的初始余额和业务单据。因此录入了期初数据或结束初始化后，核算参数将无法修改，其是关键系统参数，请务必准确设定。

相关知识

1. 启用年度和启用期间

系统默认为服务器当前年度和日期，用户可以自动更改，选择业务实际的启用年度和期间。

2. 核算方式

有“数量核算”和“数量、金额核算”两种方式。如选择了“数量核算”，系统以后只核算数量，不核算金额，所以显示的核算金额不会正确；而“数量、金额核算”是对物料的数量和成本都核算。如果该账套是与财务各系统相互联系的，则应选择“数量、金额核算”。大多数企业都采用“数量、金额核算”方式。

3. 库存更新控制

主要是针对即时库存更新的处理，系统有两种选择，如果选择“单据审核后才更新”，则系统将在库存类单据进行业务审核后才将该单据的库存数量计算到即时库存中，并在反审核该库存单据后进行库存调整；如果选择“单据保存后立即更新”，则系统将在库存类单据保存成立后就将该单据的库存数量计算到即时库存中，并在修改、复制、删除、作废、反作废该库存单据时进行库存调整。一般为保证数据的稳健性，建议用户采用“单据审核后再更新”。

4. 是否启用门店管理

启用门店管理之后，系统把门店管理系统和系统设置涉及门店管理之外的菜单屏蔽。一般只有采用分销管理时才会启用该参数。

二、系统参数设置

任务引入

除了核算参数外，金蝶 K/3 系统的各个功能模块还有大量的运行阶段参数可以进行配置，企业可以根据自身特点灵活配置，以符合企业实际需要。把这些参数统称为系统设置。这些设置对整个系统起着举足轻重的作用。在完成了核算参数配置后，就要对一些影响较大的参数进行设置。

操作步骤

（1）依次选择【系统设置】→【系统设置】→【存货核算】→【系统设置】，可以看到系统参数设置界面，界面左边栏是各个模块的目录，右边栏是详细参数列表。

（2）金蝶 K/3 ERP V13.0 系统参数数量众多，大约有 300 余个。限于篇幅，本案例只介绍一些基础的、影响较大的参数设置，其他详细参数的设置可以参考帮助文档。

设置以下参数，如表 2-8 所示。

表 2-8 系统参数设置

参数项目	设置值
供应链整体选项	
若应收应付系统未结束初始化，则业务系统发票不允许保存	√
启用多级审核	去掉 √
仓存系统选项	
更新库存数量出现负库存时给予预警	√
计划系统选项	
日期排法	选择：比发货日期、领料日期提前一天

操作一点通

请只修改本案例提到的参数，其他参数保持原值，不要修改，以免影响正常业务功能。

系统设置中的参数修改后是即时保存生效，因此没有单独的“保存”功能。

相关知识

1. “若应收应付系统未结束初始化，则业务系统发票不允许保存”参数含义

供应链模块中的采购系统、进口系统与财务模块中的应付款系统存在紧密联系；供应链模块中的销售系统、出口系统与财务模块中的应收系统也有类似的关系。发票是两者之间传递的关键结算凭证，如果希望两者保持数据的完整、一致，建议勾选此选项，可以实现财务物流一体化运作。符合大多数企业的要求。注意，这种情况下，必须在供应链系统启用的同期启用应收、应付系统。

若不需要采购、销售、进口、出口系统与应收应付系统保持同步，则可不选中该选项。这样只能人工维护两者数据的一致性。

2. “启用多级审核”参数含义

对于业务单据进行多级审核管理是很多企业的要求，勾选该参数即可启用多级审核，并可配置各种类型单据相应的审核流程。

本案例中，为了简化繁琐的多级审核操作，不启用多级审核功能，这样业务单据只需要进行一次审核即可。

3．“更新库存数量出现负库存时给予预警”参数含义

负库存是指企业的某种物料没有足够数量却进行出库操作。常常是因为不合规操作造成。例如，采购的生产原料未及时入库，却先领用出库。

如果选择该选项，则在单据保存、作废、审核或反审核时，系统计算即时库存数量，确定仓存总量，有出现负库存的情况会给予预警，并分情况处理：如果对应仓库基础资料中选择了允许负库存，则系统只提供警告；如果不选择允许负库存，则系统将不允许该业务单据继续处理。

任务三 基础资料准备

ERP 作为大型管理信息系统，拥有较多的功能模块，覆盖企业各层面的业务管理功能，所涉及的相关数据也非常多。数据的及时性、准确性、完整性和规范化是 ERP 成功应用的基本要求。数据不准往往是 ERP 项目失败的重要原因之一。

通常，把 ERP 的各种管理数据归纳为如下 3 类。

（1）静态数据（或称固定信息），一般指生产活动开始之前要准备的数据，如物料清单、工作中心的能力和成本参数、工艺路线、仓库和货位代码、会计科目的设定等。系统运行时，静态数据更新较少。

（2）动态数据（或称流动信息），一般是指生产活动中发生的数据，不断发生，经常变动。如客户合同、库存记录、完工报告等，它随着业务的发生不断变化。

（3）中间数据（或称中间信息），是根据用户对管理工作的需要，由计算机系统综合上述静态和动态两类数据，经过运算形成各种数据或报表。它是一种经过加工处理的信息，供管理人员掌握经营生产状况，进行分析和决策。如主生产计划和物料需求计划都是根据静态和动态数据加工处理后生成的中间信息。管理软件功能的强弱，往往体现在它能提供多少有用的中间信息。

在金蝶 K/3 系统中大多数静态数据都放置在【系统设置】→【基础资料】模块中。通过统一管理实现了“一次录入，多处使用”，保证了数据的共享性和一致性。避免了“信息孤岛”的出现。由于管理问题的复杂性，数据类型较多，根据数据功能差异，进行了分类，例如，仓存管理数据、进口管理数据等。对于各个模块需要共享使用的一类数据，放在公共资料中。应用金蝶 K/3 系统，首先要对一些必须初始化的公共资料进行设置。

一、科目

任务引入

创世自行车零件有限公司是一家股份有限责任公司，涉及工业和商业的一些常规业务，因此根据最新中国会计准则，建立了标准企业会计制度科目。在此基础上进行了适度的调整以适应自身的需求。

操作步骤

（1）依次选择【系统设置】→【基础资料】→【公共资料】→【科目】，进入会计科目设置界面。

（2）会计科目的设置有 2 种方式，即手工录入方式和引入标准科目方式。

为加快录入的数据，本案例采用引入标准科目的方式，再根据自身需求进行部分调整。

选择菜单【文件】→【从模板引入会计科目】，选择引入“企业会计制度科目”，然后单击“全选”，再单击“确定”按钮，即可引入会计科目体系。

（3）修改部分科目属性。引入科目完成后，请在科目中查找以下科目（见表2–9），双击科目，修改部分会计科目属性。

表2–9 待调整的会计科目体系

科目代码	科目名称	科目设置页	核算项目页
		科目受控系统	核算项目
1131	应收账款	应收应付	客户
1133	其他应收款	应收应付	客户
2131	预收账款	应收应付	客户
2121	应付账款	应收应付	供应商
2181	其他应付款	应收应付	供应商
1151	预付账款	应收应付	供应商

操作一点通

为了核算明细，会计科目可以进行分级。例如，4101 生产成本 下设 2 个二级科目 4101.01 基本生产成本，4101.02 辅助生产成本。因此如果要查看 2 级科目，就需要在左边树形导航栏中，依次单击展开“成本”→“4101 生产成本”，才能看到“4101.01 基本生产成本”、“4101.02 辅助生产成本”2 个明细科目。有更多级时依此类推。

手工录入会计科目方式：选择【编辑】→【新增科目】。会计科目的使用需要遵循《中国企业会计准则》要求，科目的详细属性设置，需要具备一定的财务知识，本书不在此详述。请参考帮助文档或金蝶 K/3 财务会计模块教材。

提问

请观察引入的“企业会计制度科目”，回答以下问题：

1. 会计科目分为那几大类？
2. 会计科目的编码有什么规律？

相关知识

1. 科目详细设置

会计科目的使用需要遵循《中国企业会计准则》要求，需要具备较多的财务知识，本书在此不再详述。有兴趣请参考金蝶 K/3 财务会计模块的相关教材。

2. 核算项目的作用

核算项目是会计电算化后产生的一种新的科目管理方式。例如，一个企业的往来客户单位有 1 000 个以上，传统方式是将往来客户设置成明细科目，那么，应收账款的二级明细科目至少达到 1 000 多条。设置繁琐，修改不便。如果将往来客户资料设置成应收账款的核算项目，只要设置应收账款一个一级科目，将“客户”设置成下属核算项目，核算时系统就可以根据客户的不同，自动进行分类统计，产生往来客户应收账款明细账。

更加有用的是，一个科目可以同时设置多个核算项目，就可以全方位、多角度地反映企业的财务信息，进行多维财务统计分析，并且科目设置多项目核算比设置明细科目更直观、更简洁、处理速度更快。金蝶 K/3 系统中每一科目可实现 1 024 个核算项目的处理，完全可满足企业需要。

3. 科目受控方式设置

科目受控方式为“应收应付”系统。用户可以给明细科目指定一个对应的受控系统，提供针对应收应付系统的控制。在用户录入应收应付模块中的收付款等单据时，系统将只允许使用那些被指定为受控于应收应付系统的科目。

4. 上级科目是否可以直接作为记账科目

根据会计准则，只有最下一层明细科目才能进行金额核算，上级科目的金额是所有下级科目的自动求和。凭证记账时不能直接使用上级科目。

二、币别

任务引入

创世公司的客户和供应商中都有海外客户，主要在美国、欧洲国家和香港地区。采购和销售商品时常常涉及外币结算。对外汇的有效管理是企业管理的一项重要工作。

操作步骤

（1）依次选择【系统设置】→【基础资料】→【公共资料】→【币别】，进入币别设置界面。

（2）选择菜单【编辑】→【新增币别】，输入以下货币币别，如表 2-10 所示。

表 2-10　新增币别

币别代码	币别名称	记账汇率	折算方式	小数位数
USD	美元	6.8 000	原币×汇率=本位币	4
EUR	欧元	7.1 000	原币×汇率=本位币	4
HKD	港币	0.8 740	原币×汇率=本位币	4

操作一点通

在输入货币代码时尽量不要使用“$”符号，因为该符号在自定义报表中已有特殊含义，如果使用该符号，那么在自定义报表中定义取数公式时可能会遇到麻烦。

提问　币别的小数位数设置多少比较合适呢？为什么？

相关知识

本位币的概念。本位币是该企业财务核算记账的功能货币，一般选择企业所在地的货币。本位币是在系统账套建立时设定好的。其汇率固定为 1，一经设定不允许修改。其他货币都相对本位币换算。本案例以人民币（RMB）作为记账本位币，请不要修改本位币的设置。

三、汇率体系

任务引入

设置完币别，财务部刘会计有点疑惑：“国际汇率市场是一个 24 小时不间断的大市场，每天都不断变动，而且在不同工作业务中，往往需要不同的汇率结算或记账，但是在币别资料设置中，只能设置一个汇率，那么当汇率变动后如何处理呢？”。胡工解释道：“你问的问题很好，这就是我们下一步要解决的问题，金蝶 K/3 系统中可以通过设置‘汇率体系’来完成汇率的完整管理。通过设置汇率体系，实现汇率的统一管理、按需应用，不同业务可使用不同汇率，而且通过统一调用汇率表而不是每位录入人员手工输入，可避免出错，同时历史汇率记录也可追溯。”

操作步骤

（1）依次选择【系统设置】→【基础资料】→【公共资料】→【汇率体系】，进入设置界面。

（2）选择左边导航栏中的树形根节点“汇率体系”，选择菜单【文件】→【新增项目】，出现新增汇率体系，如表 2-11 所示。

表 2-11　新增汇率体系

代码	名称	汇率精度	备注
02	买入汇率	4	购汇时的汇率
03	卖出汇率	4	结汇时的汇率

（3）选中左边导航栏的“买入汇率”，单击右边明细栏中的空白处，选择菜单【文件】→【新增项目】，出现新增汇率表，如表 2-12 所示。

表 2-12　买入汇率的新增汇率表

币别代码	币别名称	汇率	生效时间	失效时间
USD	美元	6.8 104	2014-9-1	2014-9-30
EUR	欧元	7.1 025	2014-9-1	2014-9-30
HKD	港币	0.8 680	2014-9-1	2014-9-30

（4）选中左边导航栏的“卖出汇率”，单击右边明细栏中的空白处，选择菜单【文件】→【新增项目】，出现新增汇率表，如表 2-13 所示。

表 2-13　卖出汇率的新增汇率表

币别代码	币别名称	汇率	生效时间	失效时间
USD	美元	6.8 102	2014-9-1	2014-9-30
EUR	欧元	7.1 023	2014-9-1	2014-9-30
HKD	港币	0.8 678	2014-9-1	2014-9-30

操作一点通

注意菜单【文件】→【新增项目】功能会根据当前光标焦点位置动态变化，当光标处于左边导航栏时，新增项目就是新增汇率体系；当光标处于右边明细栏时，新增项目就是新增汇率表。操作时注意光标的停放位置。

用户自定义的汇率类型代码与名称允许修改，汇率的精度允许修改，但如已存在汇率记录，则修改原则只能改大不能改小，当光标离开此单元格时检查，如小于当前汇率精度则给予提示“已存在汇率记录，修改后的汇率精度不能小于当前汇率精度”，“确定”后精度值自动恢复为当前汇率精度；如不存在汇率记录，则不受此约束。备注字段都允许修改。

相关知识

1. 实际汇率

我国每天的汇率牌价由中央银行公布，每天都处于变化中。汇兑业务较多的企业可以安排固定人员每天及时录入外汇牌价。购汇和结汇汇率略有差异，之间的差额就是银行收的手续费。为了节省数据录入的工作量，本案例假设汇率1个月内都有效。

2. 多汇率体系的作用

企业可能还会在进行企业预算、项目规划等不同工作中采用不同的汇率体系，那么可以设置更多汇率体系以满足需求。

四、凭证字

任务引入

财务会计计划采用“记”字凭证。

操作步骤

（1）依次选择【系统设置】→【基础资料】→【公共资料】→【凭证字】，进入设置界面。

（2）选择菜单【编辑】→【新增凭证字】，输入“记”字。

（3）在右边明细栏中，选中“记”字，单击鼠标右键，在弹出菜单中，单击“设为默认值”按钮，设置为默认凭证字。

相关知识

凭证字的概念。凭证字就是我们在录入凭证时使用的用于标记凭证类别的凭证字，企业可以根据分类需要灵活设置。常用设置类别有：“收、付、记、转”；“现收、现付、银付”等方式。以前主要用于凭证分类，随着会计电算化的普及，分类的作用已经逐渐弱化。

五、计量单位

任务引入

自行车零配件制造所涉及的物料品种多达数千种，类型丰富，有钢件、塑料件、橡胶件、工业漆等多个种类，准确进行物料的计量是一个难点。计量单位的合理设置是进行准确数量计算的基础。本案例演示了一些常用单位的设置。

操作步骤

（1）依次选择【系统设置】→【基础资料】→【公共资料】→【计量单位】，进入设置界面。

（2）单击左边导航栏中的树形根节点“计量单位”。选择菜单【编辑】→【新增计量单位组】，录入以下计量单位组，如表2–14所示。

表2–14　新增计量单位组

计量单位组
数量组
重量组
体积组
长度重量组

（3）选中左边导航栏相应的计量单位组，单击右边明细栏中的空白处，单击菜单【编辑】→【新增计量单位】，录入以下计量单位，如表 2-15 所示。

表 2-15　新增计量单位

计量单位组	代码	计量单位名称	换算率	是否默认	是否浮动
数量组	010	个	1	是	固定换算
	011	公斤			浮动换算
重量组	051	公斤	1	是	固定换算
	050	克	0.001		固定换算
	052	吨	1 000		固定换算
体积组	061	升	1	是	固定换算
	062	立方米	1 000		固定换算
	063	立方厘米	0.001		固定换算
长度重量组	081	米	1	是	固定换算
	082	公斤			浮动换算

操作一点通

注意：菜单【编辑】→【新增计量单位组】/【新增计量单位】功能会根据当前光标焦点位置动态变化，当光标处于左边导航栏时，【编辑】菜单会显示【新增计量单位组】按钮；当光标处于右边明细栏时，【编辑】菜单会显示【新增计量单位】按钮。操作时注意光标的停放位置。

计量单位组用于存放不同换算关系的计量单位。一组计量单位中有且只有一个默认计量单位，默认计量单位的系数为 1，必须为固定换算。此组中其他的计量单位都为相对默认计量单位换算。

每组中添加的第一个计量单位，系统会自动将该计量单位设为默认计量单位。默认计量单位是可以修改的。方法是：选择一个计量单位，选择【编辑】→【新增计量单位】，这个计量单位就被修改为了默认计量单位。如果这个计量单位的系数不是 1，系统会自动将这个计量单位的系数改为 1，同时其他计量单位的系数也会同比进行更改。

提问　不同计量单位组中的计量单位能够互相换算吗？

相关知识

固定换算/浮动换算。

固定换算方式的计量单位与默认计量单位间始终维持固定的换算比率，例如，重量组，1kg=1 000g。

物流运作时有时会遇到换算率不固定的情况。例如，钢铁板材，采购时按重量采购入库，生产时按照张数领用原料，一张板材≈20kg。因为生产工艺的问题，每批材料的换算系数并不固定，因此就需要使用浮动换算。浮动计量单位在设置时不需要设置换算率，在实际使用时，可在物料、单据上根据需要指定其换算率，采用双计量单位，实现了更加灵活的运用。本案例中钢管的使用就是如此。

六、客户

任务引入

该公司在国内外都有一定数量的客户。客户主要是各地区的分销商和一些大型自行车整车制造商，销售采用分区管理，销售员分别负责不同销售区域的客户，以便于管理。根据企业的要求，把客户按照销售区域进行分类管理。

操作步骤

（1）依次选择【系统设置】→【基础资料】→【公共资料】→【客户】，进入设置界面。

（2）首先建立客户分区。选择菜单【编辑】→【新增客户】，在客户录入界面单击“上级组”按钮，录入以下分区资料，如表2–16所示。

表2–16　分区资料

代码	名称
01	销售一区
02	销售二区
03	销售三区
04	销售四区
07	国外区域

提问　1. 单击“上级组”按钮后，数据界面有什么变化？
2. 录入完成后，单击“刷新”按钮，或按键盘F5快捷键，看看左边导航栏有什么变化？

（3）建立具体客户资料。选择菜单【编辑】→【新增客户】，录入具体客户资料时不要单击“上级组”按钮，录入以下资料，如表2–17所示。

表2–17　具体客户资料

代码	名称	销售模式	状态	默认运输提前期
01.01	北京大城车行	内销	使用	3
01.02	行者自行者俱乐部	内销	使用	3
02.01	吉林大众自行车有限公司	内销	使用	3
03.01	成都海益自行车行	内销	使用	3
03.02	重庆飞翔户外用品公司	内销	使用	3
04.01	顺德天宇自行车厂	内销	使用	3

操作一点通

金蝶K/3系统的编码规则为点分节的方式。例如，01 销售一区，那么01.01北京大城车行就属于销售一区的客户。这样的分节编码能够很清楚的体现分类层次，也方便以后统计和查询。因此合理的编码规则是企业需要仔细考虑的问题。金蝶K/3系统不限定分节的数量，但是建立时必须按顺序新增。如果没有01，就录入01.01，系统会提示错误“上级核算项目不存在”。当然，编码必须唯一，不能重复。

相关知识

客户资料的关键属性。客户是需要重点管理的资料，因此属性较多。本案例先讲解部分关键属性（见表 2–18），其他属性请参考帮助文档。

表 2–18　客户资料关键属性释义

参数项目	设置值
基本资料页	
状态	使用：该状态下，可以正常开展业务往来 未使用：该状态下不能进行业务往来。新增客户常设置为未使用状态，待客户资信调查等工作完成后才调整为使用状态 冻结：该状态下也不能进行业务往来。老客户发生某些异常问题时可以冻结该客户，避免某些业务风险。例如，客户信用危机等 很多基础资料中都有“状态”属性，功能类似，都可以通过修改该属性快速控制业务能否发生，因此后文不再赘述
销售模式	分为内销和外销两类，内销客户销售业务在“销售管理”模块完成，外销客户销售业务必须在“出口管理”模块处理
默认运输提前期	向客户交货时因考虑运输时间而需要提前的日期。由用户根据实际情况录入。该信息将在销售订单中用来计算建议交货日期

七、供应商

任务引入

该公司既有代理销售业务，也有零部件生产业务，供应商遍布国内外。对于供应商，企业将供应商按照供应商的物料类型进行分类，分为综合类供应商、塑胶类供应商、电器类供应商等。这样可以方便进行同类供应商的比较和考核。

操作步骤

（1）依次选择【系统设置】→【基础资料】→【公共资料】→【供应商】，进入设置界面。

（2）首先建立供应商分类。选择菜单【编辑】→【新增供应商】，在供应商录入界面单击“上级组”按钮，录入以下供应商分类资料，如表 2–19 所示。

表 2–19　供应商分类资料

代码	名称
01	综合类
02	塑胶类
03	电器类
04	五金类
08	外协类
09	物流类

（3）建立具体供应商资料。选择菜单【编辑】→【新增供应商】，录入具体供应商资料时不要单击“上级组”按钮，录入以下资料，如表 2–20 所示。

表 2-20　　具体供应商资料

代码	名称	状态
01.01	风速贸易有限公司	使用
01.02	SIM BICYCLE 有限公司	使用
02.01	达利橡胶制品厂	使用
03.01	苏州照明设备公司	使用
04.01	MANI 深圳分公司	使用
04.02	兴发钢材厂	使用
04.03	荣园五金加工厂	使用
08.01	稳固电镀厂	使用
09.01	深圳快运有限公司	使用

相关知识

供应商资料的关键属性。供应商也是需要重点管理的资料，因此属性较多。本案例先讲解部分关键属性（见表 2-21），其他属性请参考帮助文档。

表 2-21　　供应商资料关键属性

属性	设置值
基本资料页	
增值税率	默认为 17%，可根据供应商实际情况调整，以方便核算货款的税额
生效日期 失效日期	当企业需要对供应商进行周期性审核管理时，可以设置该时间。到期时会提示企业对供应商重新进行资质复核 其他基础资料也有类似的信息
应收应付资料页	
应付/预付/应交税金等科目设置	此处设置相应的代码后，在凭证处理时，系统可以自动取该科目，加速凭证的录入。当然也可以在生成凭证时逐个指定。客户资料也有类似的属性
结算币别/方式	设置后，可以在采购相关单据录入时自动填写结算币别和方式，提高制单速度

八、部门

任务引入

系统的日常业务涉及企业众多相关部门，在系统中设置完整的组织结构就显得非常重要。部门资料用来记录企业组织结构情况。用户可以根据实际情况来决定部门的层级结构。

操作步骤

（1）依次选择【系统设置】→【基础资料】→【公共资料】→【部门】，进入设置界面。

（2）选择菜单【编辑】→【新增部门】，在部门录入界面输入以下部门数据，如表 2-22 所示。

表 2-22　　部门数据

代码	名称	部门属性	成本核算类型	部门主管
03	计划部	非车间	期间费用部门	陈东明
04	采购部	非车间	期间费用部门	吴伟
05	仓管部	非车间	期间费用部门	陈鱼
06	财务部	非车间	期间费用部门	满军
08	质检部	非车间	期间费用部门	周化
09	销售部			
09.01	国内市场部	非车间	期间费用部门	路元
09.08	海外市场部	非车间	期间费用部门	陈丹
20	生产部			
20.01	装配车间	车间	基本生产部门	
20.02	机加工车间	车间	基本生产部门	

操作一点通

当部门有二级部门时，一级部门作为“上级组”录入。例如，输入“销售部”时，请单击“上级组”按钮。录入“生产部”时处理方式相同。

部门资料后面一旦被其他资料或单据使用后，“部门属性”将不能修改，请慎重设置！

“部门主管”数据来源于基础资料“职员”信息，待后续职员信息录入完成后再回来选择，而不是直接输入名字。

提问　当录入“成本核算类型”时，按下键盘的 F7、F8、F9 键时，有什么不同的变化？

相关知识

部门资料的关键属性如表 2-23 所示。

表 2-23　　部门资料关键属性

属性	设置值
基本资料页	
部门属性	车间/非车间。在生产管理系统中，只有车间类型的部门才能分配生产任务。部门一旦被其他资料或单据使用后，“部门属性”将不能修改！请慎重设置
成本核算类型	从会计成本核算的角度看，部门分为辅助生产部门、基本生产部门、期间费用部门 3 种类型 一般情况下，负责生产的车间（如装配车间）属于基本生产成本部门，工程技术部门（如维修部）属于辅助生产部门，而管理职能部门（如财务部）属于期间费用部门。当部门发生费用时，系统会根据成本核算类型的不同采用不同的成本计算方法。具体核算方法请参考成本管理模块用户手册

九、职员

任务引入

有了部门资料，还需要录入企业职员信息。日常业务处理的各种单证上都需要使用用户信息。

操作步骤

（1）依次选择【系统设置】→【基础资料】→【公共资料】→【职员】，进入设置界面。

（2）选择菜单【编辑】→【新增职员】，在职员录入界面输入以下数据，如表 2-24 所示。

表 2-24　　职员数据

代码	名称	性别	部门名称
0015	陈东明	男	计划部
0028	吴伟	男	采购部
0051	崔小燕	女	采购部
0029	陈鱼	男	仓管部
0052	何佳	男	仓管部
0033	满军	男	财务部
0030	周化	女	质检部
0012	万明	男	国内市场部
0013	路元	男	国内市场部
0041	陈丹	女	海外市场部
0061	张明	男	机加工车间
0055	刘百	男	装配车间

操作一点通

职员的主要属性信息会被应用于人力资源管理模块，人力资源业务的薪资、绩效、招聘等管理工作都会使用到职员的多种属性。本案例主要讲授供应链、生产管理系统，只需要使用职员基本信息，因此进行了适当简化。其他属性设置请参考人力资源管理用户手册。

相关知识

1. 员工代码

在企业中，代码一般录入员工工号。在系统中必须保持代码是唯一的。

2. 员工详细资料

这里只设置一些员工基本信息，金蝶 K/3 系统有专门人力资源管理（HR）模块，对员工的详细资料在该模块中设置，本书未涉及 HR 的内容，需要了解请参考 HR 模块的帮助文档。

十、费用

任务引入

该公司日常运营会发生多种费用。例如，托运费、租车运费、打包费、装卸费、单证费……企业为了方便统计和管理，需要建立好费用的类型。

操作步骤

（1）依次选择【系统设置】→【基础资料】→【公共资料】→【费用】，进入设置界面。

（2）选择菜单【编辑】→【新增费用】，在费用录入界面输入以下数据，如表 2-25 所示。

表 2-25 费用数据

代码	名称	费用类型
A01	托运费	运费
A02	租车运费	运费
B02	打包费	加工费

操作一点通

在企业各种业务发生时，常常伴随各种费用的支出，计算和统计费用成为了企业必须要完成的工作。建议企业在系统使用之初就合理规划和设置费用项目，当费用发生后，在各种费用单据上正确录入费用项目。那么计算和统计将成为一件轻松的事情。

基础资料中还有“要素费用”这个核算项目。这是成本核算中的一个概念，详细用法请参考成本管理系统用户手册。请勿将“费用”与“要素费用”混淆。

提问　费用类型中已经定义了 5 种类型：运费、加工费、税费、其他采购费用、其他，为什么还要录入费用项目？

相关知识

费用资料的作用。费用这个核算项目主要是为了满足供应链系统中费用发票的处理而设置的。只有在基础资料中设置了费用的有关内容，在供应链系统中才能够处理各种类型的费用发票，并把相关的费用分摊到具体物料上，统计不同费用的发生额。

十一、仓库

任务引入

该公司只有 1 间自建的仓库用于存放生产用的零部件、半成品、产成品和各种代销商品。于是，物流部刘经理准备在系统中设定 1 间仓库。但是这种设置方式遭到了 ERP 顾问胡工的反对。胡工解释说，在 ERP 系统中设定仓库要更多从管理的角度来考虑，仓库不仅指具有实物形态的场地或建筑物，更需要根据实际功能用途进行有效划分。根据公司情况，胡工建议按如下方式设置仓库。

操作步骤

（1）依次选择【系统设置】→【基础资料】→【公共资料】→【仓库】，进入设置界面。

（2）选择菜单【编辑】→【新增仓库】，在仓库录入界面输入以下数据，如表 2-26 所示。

表 2-26 仓库数据

代码	名称	仓库属性	仓库类型	是否 MPS/MRP 可用量	是否允许负库存
01	原材料仓	良品	普通仓	√	
02	半成品仓	良品	普通仓	√	
03	产成品仓	良品	普通仓	√	
04	待检仓	在检品	待检仓		
05	赠品仓	良品	赠品仓		
06	代管仓	良品	代管仓		
07	受托代销仓	良品	受托代销仓		
08	返修仓	不良品	普通仓		

操作一点通

当企业仓库数量较多时，可以设置仓库分组（单击“上级组”按钮进行设置），以便于分类管理。

相关知识

1. 仓库类型分为2大类，共有7种类型

第一类为实仓类型的仓库，包括“普通仓”、“受托代销仓”、“VMI 仓”；第二类为虚仓类型的仓库，包括“待检仓”、“代管仓”和“赠品仓”，“其他仓”为系统预留类型。

虚仓和实仓的区别主要有：第一，实仓进行数量和金额核算，虚仓只进行数量核算，不进行金额核算；第二，一般来说，虚仓不宜处理物料批次管理、保质期管理。

2. 6种主要仓库类型的管理应用场景

普通仓：存放企业购买或生产的物料仓库。对于普通仓中的物料，需要既核算数量，也核算成本。

受托代销仓：受供应商委托代销的商品，专用于受托代销业务。需要既核算数量，也核算物料成本。

待检仓：表明购进材料处于待检验状态，在此状态中，物料尚未入库，准备进行质量检验，只记录数量，不核算金额。

代管仓：表明入库物料不属于企业所有，本企业只是受托代为看管或部分处置（如只计算加工费的受托加工业务），其处置权归其他企业或单位所有。具有这种性质的购进物料也只是记录数量，并不考虑成本。

赠品仓：核算赠品收发的虚拟仓库。赠品是指在收货或发货时，除议定的货物外，附带无偿收到或赠予对方一定数量的货物，这种货物处理的方式多、范围广，与日常业务的处理界限不清晰，但总体来说是在货物收入或发出时不具有成本，而只具有数量属性。

VMI 仓：VMI 是供应商管理库存的一种新型供应链库存管理模式。其运营模式是供应商供应的物料放置到本企业仓库或者临近的第三方物流企业仓库中，但是其货权仍属于供应商所有，直到生产领用后才算采购使用，才进行采购结算。VMI 仓是存放供应商供应物料的仓库。

3. 是否允许负库存

负库存是指在某物料没有足够库存的情况下发货，造成系统库存出现负数的情况。一般都是由操作不规范造成的。例如，货物未入库，先出库。因此一般建议企业不要勾选该参数。

4. 仓库属性

表明仓库存放货物的属性，包括良品、不良品和在检品。

5. 是否进行仓位管理

这是指该仓库是否下设仓位管理或称为仓库结构管理。仓位是仓库的附属资料。用户根据需要可以设置仓位。在以下情况下，这种设置不能改变：库存类单据中已经用到该仓库，使其存在本期发生额；仓库是虚仓，无论是待检仓、代管仓还是赠品仓，都不能设置仓位管理。

十二、物料

任务引入

该公司使用的物料有数千种之多，对于数量众多的物料，要想便于管理，必须建立合适的物料分类标准和编码体系。该公司以前并不重视这个问题，未使用物料编码，对物料直呼其名，同一种物料常常有多种名称，多种物料其名称也非常相似，这常常造成错误。借 ERP 系统实施的机会，有必要对此进行重新梳理，规范化管理物料。现将整理的部分常用物料录入系统。

操作步骤

（1）依次选择【系统设置】→【基础资料】→【公共资料】→【物料】，进入设置界面。

（2）选择菜单【编辑】→【新增物料】，在物料录入界面输入表 2–27 中的数据。新建物料分类时要单击“上级组”按钮，输入分类数据。

表 2–27 物料数据

代码	名称
01	原材料
01.01	金属件
01.02	塑胶件
01.12	包装材料
02	半成品
02.01	轮构件
02.02	脚撑架部件
03	产成品
03.01	车轮
03.02	脚撑架
04	代销品
04.01	头盔类
04.02	车灯类
04.03	前叉类
04.04	塑胶类
04.05	其他类

（3）继续添加具体物料，如表 2–28 所示，不要单击“上级组”按钮。

操作一点通

有时候系统显示的资料属性非常少，只显示了少数必录属性项目。可以采取以下方法调整：在资料录入界面，选择“参数设置”，去掉“隐藏非必录信息”前面的√。

在没有扫描设备的支持下，序列号的数据录入会非常麻烦，本案例不使用序列号管理。请检查是否有物料设置了序列号管理。操作方式：物料管理界面，单击“管理”按钮，在搜索界面中，选择“是否进行序列号管理”，输入“是”，单击“搜索”按钮。如有结果显示，请修正相关物料。

表 2-28　物料资料数据

基本资料页						物料资料页						计划资料
代码	名称	规格型号	物料属性	计量单位组/基本计量单位	数量精度	计价方法	是否采用业务批次管理	存货科目代码	销售收入科目代码	销售成本科目代码	单价精度	计划策略
01.01.002	轴承圆钢	d10mm	外购	长度重量组/米	4	加权平均法		1211	5102	5405	2	MRP
01.01.010	钢带	5×50mm	外购	长度重量组/米	4	加权平均法		1211	5102	5405	2	MRP
01.01.015	钢丝	3mm	外购	长度重量组/米	4	加权平均法		1211	5102	5405	2	MRP
01.01.020	前轴花盘	16 孔	外购	数量组/个	0	加权平均法		1211	5102	5405	2	MRP
01.01.030	前轴碗	小档	外购	数量组/个	0	加权平均法		1211	5102	5405	2	MRP
01.01.060	钢珠	6mm	外购	数量组/个	0	加权平均法		1211	5102	5405	4	MRP
01.01.070	六角螺母	8#	外购	数量组/个	0	加权平均法		1211	5102	5405	4	MRP
01.01.095	辐条帽	铜质	外购	数量组/个	0	加权平均法		1211	5102	5405	4	MRP
01.01.101	不锈钢钢管	外径 1.3cm，内径 0.9cm	外购	长度重量组/米 辅助单位：公斤 辅助计量单位换算率：0.1	4	加权平均法		1211	5102	5405	2	MRP
01.01.111	弹簧	直径 1cm，长度 6cm	外购	数量组/个	0	加权平均法		1211	5102	5405	2	MRP
01.02.102	外胎	28 英寸	外购	数量组/个	0	加权平均法		1211	5102	5405	2	MRP
01.02.103	外胎	24 英寸	外购	数量组/个	0	加权平均法		1211	5102	5405	2	MRP
01.02.202	内胎	28 英寸	外购	数量组/个	0	加权平均法		1211	5102	5405	2	MRP
01.02.203	内胎	24 英寸	外购	数量组/个	0	加权平均法		1211	5102	5405	2	MRP
01.12.003	彩色卡板纸盒	20×40×80	外购	数量组/个	0	加权平均法		1221	5102	5405	2	MRP
02.01.002	前轴棍	150mm	自制	数量组/个	0	加权平均法		1241	5102	5405	2	MRP
02.01.091	辐条	14#	委外加工	数量组/个	0	加权平均法		1241	5102	5405	2	MRP
02.01.093	辐条	12#	委外加工	数量组/个	0	加权平均法		1241	5102	5405	2	MRP
02.01.102	电镀车圈	28#，电镀	委外加工	数量组/个	0	加权平均法		1241	5102	5405	2	MRP
02.01.103	电镀车圈	24#，电镀	委外加工	数量组/个	0	加权平均法		1241	5102	5405	2	MRP
02.01.191	未电镀辐条	14#，未电镀	自制	数量组/个	0	加权平均法		1241	5102	5405	2	MRP
02.01.193	未电镀辐条	12#，未电镀	自制	数量组/个	0	加权平均法		1241	5102	5405	2	MRP
02.01.202	未电镀车圈	28#，未电镀	自制	数量组/个	0	加权平均法		1241	5102	5405	2	MRP
02.01.203	未电镀车圈	24#，未电镀	自制	数量组/个	0	加权平均法		1241	5102	5405	2	MRP

续表

基本资料页						物料资料页						计划资料
代码	名称	规格型号	物料属性	计量单位组/基本计量单位	数量精度	计价方法	是否采用业务批次管理	存货科目代码	销售收入科目代码	销售成本科目代码	单价精度	计划策略
02.01.801	前轮轴承	小档	自制	数量组/个	0	加权平均法		1241	5102	5405	2	MRP
02.02.001	脚撑管	JCG26	自制	数量组/个	0	加权平均法		1241	5102	5405	2	MRP
03.01.012	车前轮	28 英寸	自制	数量组/个	0	加权平均法		1243	5101	5401	2	MPS
03.01.013	车前轮	24 英寸	自制	数量组/个	0	加权平均法		1243	5101	5401	2	MPS
03.02.010	脚撑架	JCJ26	自制	数量组/个	0	加权平均法		1243	5101	5401	2	MPS
04.01.001	HUB 头盔	X3 银灰，280g	外购	数量组/个	0	分批认定法（批内移动平均法）	√	1243	5101	5401	2	MRP
04.01.002	HUB 头盔	X3 玫红，280g	外购	数量组/个	0	分批认定法（批内移动平均法）	√	1243	5101	5401	2	MRP
04.01.003	HUB 头盔	X5 蓝色，278g	外购	数量组/个	0	分批认定法（批内移动平均法）	√	1243	5101	5401	2	MRP
04.02.001	高亮车前灯	12LED，黑银色防水	外购	数量组/个	0	加权平均法		1243	5101	5401	2	MRP
04.02.002	高亮车前灯	5LED，银灰色	外购	数量组/个	0	加权平均法		1243	5101	5401	2	MRP
04.02.003	高亮车尾灯	5LED，红色	外购	数量组/个	0	加权平均法		1243	5101	5401	2	MRP
04.02.101	高亮车灯套装	1 前灯 1 尾灯 5LED	组装件	数量组/个	0	加权平均法		1243	5101	5401	2	MRP
04.03.001	SIM 避震前叉	RLC 32mm 行程 80	外购	数量组/个	0	分批认定法（批内移动平均法）	√	1243	5101	5401	2	MRP
04.03.002	MANI 避震前叉	R7PRO 黑色碟刹	外购	数量组/个	0	分批认定法（批内移动平均法）	√	1243	5101	5401	2	MRP
04.03.003	MANI 避震前叉	RELIC SUPER 线控	外购	数量组/个	0	分批认定法（批内移动平均法）	√	1243	5101	5401	2	MRP
04.04.001	SIM 车把套	PTE 矽乳胶料、银色边	外购	数量组/个	0	加权平均法		1243	5101	5401	2	MRP
04.04.002	SIM 车把套	PTE 矽乳胶料、金色边	外购	数量组/个	0	加权平均法		1243	5101	5401	2	MRP
04.05.901	快干运动毛巾	蓝色	外购	数量组/个	0	加权平均法		1243	5101	5401	2	MRP

操作一点通

基本计量单位一旦确定，在以下情况下，物料基本计量单位不能再修改，因此需要谨慎处理：该物料已存在库存中，包括初始化设置时录入的初始余额和日常发生的上期结余额。在业务单据中已经用到该物料，使其存在发生额。

注意该物料一旦被使用，计价方法属性将不能修改，请慎重设定。

相关知识

物料是ERP系统管理的重要资料，有几十个属性，本书会结合项目案例逐步介绍主要属性的设置方法。

1. 物料属性

金蝶K/3 V13.0版本中物料属性有9种类型：自制、自制（特性配置）、外购、组装件、委外加工、虚拟件、规划类、配置类、特征类。这里介绍4种基本物料类型，其他类型请参考帮助手册。

自制：物料属性为自制表明该物料是企业自己生产制造出的产成品。在系统中，如果是自制件，可以进行BOM设置，在BOM中，可以设置为父项，也可以设置为子项。

外购：物料属性为外购是指为生产产品、提供维护等原因而从供应商处取得的物料，可以作为原材料来生产产品，也可以直接用于销售。在BOM设置中，不可以作为父项存在。

委外加工：物料属性为委外加工是指该物料需要委托其他单位进行生产加工，一般情况下，其处理类似自制件。

组装件：物料属性为组装件是指该物料由其他物料经过简单组装或包装而成。一般组装过程比较简单，在需要的时候组装件也可以拆卸为原来的部件。例如，超市捆绑销售的促销装就是这种类型。

2. 计量单位组/基本计量单位/采购、销售、生产、库存计量单位

任何一个物料都需要使用一套适合的计量单位，这些单位必须属于同一计量单位组。

所谓基本计量单位就是每个单位组中的默认计量单位，其他单位都是相对基本计量单位换算。

在采购、销售、生产、库存等业务环节可以设置该组单位中的其他单位，以方便相应业务单据的数量输入。例如，汽水采购时按箱买，销售时候按瓶卖。

3. 辅助计量单位/辅助计量单位换算率

某些物料如果需要使用双计量单位就要设置辅助计量单位。例如，采购钢材板材时按总量购买，生产时按张数领用。那么就需要设置辅助计量单位，设置辅助计量单位换算率，方便计量换算。例如，1张板材=10kg。

4. 数量精度/单价精度

数量精度，确定物料在单据和报表中数量数据显示的小数位数。

单价精度，确定物料在单据和报表中单价数据所显示的小数位数。

5. 计价方法

应用于存货核算系统，是指存货出库结转存货成本所采用的计价方法，系统根据财务制度规定了多种方法，计价方法一旦确定，系统对日常收发应根据该物料所选定的计价方法，通过存货核算系统进行成本核算，并统一将业务资料按规则自动形成财务信息，传入总账系统。根据最新会计准

则规定，“后进先出法”已经不再允许使用。

6. 是否采用业务批次管理

勾选该项后，系统会对物料进行完整的批次管理，对存货在供应链上每一步骤的收、发、存活动进行全程跟踪与考量，并提供完整的物料批次信息。

注意，有以下两种情况强制采用业务批次管理：

一种是当某个物料选用了“分批计价法”作为计价方法时，则“是否采用业务批次管理”选项自动选中；另一种是当某个物料的属性为“配置类”，则强制采用业务批次管理。

7. 是否进行序列号管理

序列号是对商品进行一物一码跟踪的一种方式。每一个商品可以基于序列号实现物料的完整追踪追溯。通过“SKU—批次—序列号”，可以实行不同管理细度要求的商品识别与跟踪。例如，一台 HT 手机为 G10 红色，商品编码为 G10335，某生产批次为 20140408，共 100 台，序列号为：39403240934001～39403240934100，可以实现商品的完整跟踪。序列号的使用常常需要扫描设备辅助，本书案例不启用序列号管理功能，减少出入库操作的复杂度。

8. 存货科目代码/销售收入科目代码 /销售成本科目代码

存货科目代码是当前物料作为存货记账时使用的会计科目。例如本案例中，“弹簧”使用“1211 原材料”科目，而“HUB 头盔”使用“1243 库存商品”科目。

销售收入科目代码是当前物料用于销售时所对应的明细会计科目。例如，在本案例中，“弹簧”使用“5102 其他业务收入”，因为原材料如果发生销售一般计入其他业务收入；而“HUB 头盔”使用“5101 主营业务收入”，因为 HUB 头盔是企业主要代销的商品，销售所得计入主营业务收入。

销售成本科目代码是当前物料用于结转销售成本时所对应的明细会计科目。例如，本案例中，“弹簧”使用“5405 其他业务支出”，因为原材料如果发生销售，结转销售成本就计入其他业务支出；而“HUB 头盔”使用“5401 主营业务成本”，因为 HUB 头盔是企业主要代销的商品，销售成本结转计入主营业务成本。

任务四 期初数据

一、期初库存数据

任务引入

经过一段时间的准备，该公司已经基本完成了基础资料的准备工作。CIO 张工刚松了一口气，可是一项新的任务又下达了。为了 9 月 1 日开始正式启用 ERP 系统，公司还需要把系统启用前的物料库存数据统计出来。为了获得准确的数据，需要进行库存盘点工作，统计库存物料的数据和金额。考虑到盘点和统计需要花费的时间，经过 ERP 项目小组的成员讨论，最终确定以 8 月 25 日库存数据作为期初数据，8 月 25 日以后的出入库业务调整到 9 月 1 日之后执行。经过企业物流部门和财务部门连续 5 天的通力合作，终于获得了准确的期初库存数据。现在就需要把这些数据录入系统。

操作步骤

（1）依次选择【系统设置】→【初始化】→【存货核算】→【初始数据录入】，进入初始数据录入界面。

（2）左边导航栏列出了已有的仓库，选中相应的仓库录入以下数据，如表2-29所示。

表2-29　　物料的期初数据

代码	物料名称	规格	计量单位	计价方法	批次	期初数量	期初金额（元）
原材料仓　存放以下材料						合计：25 220	合计：9 880
01.01.060	钢珠	6mm	个	加权平均法		10 000	100
01.01.095	辐条帽	铜质	个	加权平均法		10 000	200
01.01.101	不锈钢管	外径1.3cm，内径0.9cm	米	加权平均法		期初数量：200 期初数量（辅助）：20	4 000
01.12.003	彩色卡板纸盒	20×40×80	个	加权平均法		5 000	5 000
01.02.102	外胎	28英寸	个	加权平均法		10	300
01.02.202	内胎	28英寸	个	加权平均法		10	280
产成品仓　存放以下材料						合计：4 760	合计：532 700
03.02.010	脚撑架	JCJ26	个	加权平均法		20	500
04.01.003	HUB头盔	X5蓝色，278g	个	分批认定法（批内加权平均法）	20140902	300	30 000
04.03.002	MANI避震前叉	R7 PRO 黑色碟刹版	个	分批认定法（批内加权平均法）	20140820	100	110 000
04.03.003	MANI避震前叉	RELIC Super线控锁死	个	分批认定法（批内加权平均法）	20140730	200	200 000
					20140820	100	110 000
04.04.001	SIM车把套	PTE矽乳胶材料、银色边	个	加权平均法		2 000	40 000
04.04.002	SIM车把套	PTE矽乳胶材料、金色边	个	加权平均法		2 000	40 000
03.01.012	车前轮	28英寸	个	加权平均法		20	1 200
03.01.013	车前轮	24英寸	个	加权平均法		20	1 000

输入库存数据时，输入物料编码后回车，系统会自动将该物料的名称、规格型号、单位等信息带出，然后输入“期初数量”、“期初金额”的相应数据。

操作一点通

“初始数据录入”功能可以从【系统设置】→【初始化】→【存货核算】中进入，也可以从【系统设置】→【初始化】→【采购管理】/【销售管理】/【仓存管理】中进入。

期初库存数据需要分仓库输入，以保证系统和货物存放位置一致。

录入数据保存时需要进行数据检查，只有期初数量和期初金额都不为0的数据才能保存，新添加的数据中有一行数据不合格，系统会清空本次新增所有数据。因此建议及时保存数据，以免造成数据丢失。

录入并保存了一个仓库的所有数据后，单击工具栏的“Σ”按钮，和案例中该仓库的总数量和总金额进行核对，确保期初库存的准确。

提问　录入所有期初库存数据后，单击左边导航栏根节点的“全部仓库”，系统会显示什么？在此状态下能够输入数据吗？

相关知识

1. 是否可以省略本年累计收发数量和金额的统计

由于是9月启用系统，理论上除了录入期初数量和期初金额外，还可以录入启用期之前的物料本年累计收入数量、本年累计收入金额、本年累计发出数量、本年累计发出金额等（即2014年1～8月所有物料的累计收发情况），这样才能计算准确的年初数量/金额。公式：年初数量/金额=期初数量/金额–本年累计收入数量/金额＋本年累计发出数量/金额。在2014年底系统就可以计算出物料本年度的累计收发数量和金额。

但是，因为累计收发情况的统计工作量很大，许多企业在初始化准备时，都无法获得该类数据。因此可以忽略该类数据，这只会影响系统中2014年的数据完整，并不影响日常使用。从2015年开始，所有业务都在系统中运行，那么数据统计就恢复正常。

2. 批次管理货物需要分批录入库存数据

对于采用批次管理的物料，盘点时需要点清不同批次货物的数量和价值。输入数据时也需要分批次录入。例如，输入“04.03.003 MANI 避震前叉”时，必须通过双击“批次/顺序号”（绿色按钮），进入批次录入界面，分批输入。录入完成保存退出后，系统会自动将该物料总数量和总金额显示出来。

3. 生产日期/采购日期

这是采用保质期管理的物料所必须录入的数据。

4. 入库日期

录入入库日期，用于计算库龄。默认为启用账套的期间的前一天。

二、启用期前的单据处理

任务引入

公司财务部刘经理向胡工询问：“从9月1日起，所有新业务和单据处理将在金蝶K/3系统中进行，但是公司在9月1日前一定还剩余一些没有完全处理完成的业务，例如，我们已经销售了商品，但是还未收到货款，未完成销售核销，又或者采购的原料已经入库，但是还未收到发票，也没有支付货款……对于这些业务该如何处理？”胡工解释说：“有两种处理方法。方法一，把这些未完成的业务查找出来，将这些业务已经完成的部分在初始化时录入系统，待系统正式运行后，就继续处理未完成的业务流程。但是前期准备工作量较大。方法二，不录入系统，在系统正式运行后，只管理后续业务处理，在系统单据中记录之前手工单证的逻辑联系（例如，手工单据编号等），以方便跟踪。经过一段时间的过渡后，就可以自然切入完整的系统运行。这种方式准备工作量较小。”经过项目小组的商讨，决定采用第二种方式。

操作步骤

（1）采用第二种方式可以跳过本步骤，进行启动业务系统的工作。

（2）如果采用第一种方式，还需要录入启用期前未完成的部分业务。依次选择【系统设置】→【初始化】→【仓存管理】，可以看到4种单据，如表2–30所示。

表2–30　启用期前的单据

启用期前单据	使用场景（启用系统时）	相应物流单据
启用期前的暂估入库单	采购材料已入库，还未收到发票	外购入库单
启用期前的未核销销售出库单	销售商品已出库，但是还未收款，进行核销	销售出库单
启用期前未核销的委外加工出库单	委外加工材料已经发出，但是未完成委外加工入库和核销	委外加工出库单
启用期前的暂估委外加工出库单	委外材料入库已经完成，但是还没有收到加工费发票，未确定价格	委外加工入库单

关于单据的操作方式同相应的物流单据，本书后面会进行详细介绍。

操作一点通

注意启用期前单据录入完成后一定要审核，如果未审核，系统会给予如下提示："还存在启用期前出入库单据未审核，不能启用"，并停止启用操作。

录入的启用期前单据的数量和金额都不能为0，否则也无法启动系统。

任务五　启用业务系统

任务引入

经过艰苦的努力，前期初始化准备工作完成，ERP项目小组在对数据准备工作查验后，认为数据准确度达到99%以上，具备系统上线的条件，准备正式启用系统，于9月1日将所有业务正式切入系统运行。

操作步骤

（1）依次选择【系统设置】→【初始化】→【存货核算】→【启动业务系统】。

（2）在提示界面单击"确定"按钮，系统自动退出后，重新登录系统就完成了系统启动工作，系统由前期准备状态切换为正式运行状态。

操作一点通

启动操作也可以在【系统设置】→【初始化】→【采购管理】/【销售管理】/【仓存管理】→"启动业务系统"中进行。

启用业务系统之前，最好在"账套管理"中将该账套进行备份，以防由于种种原因造成贸然启用，从而给业务处理带来不便。

完成启用业务系统后初始化设置的数据很多都不能再修改。当发现期初数据准备有问题时，可以采用"反初始化"功能返回修改。但是，能否反初始化是有条件的，当已经开始在系统中录入出入库单据后，系统是不能反初始化的。

提问 完成启动重新登录系统后，请观察【系统设置】→【初始化】→【采购管理】/【销售管理】/【仓存管理】/【存货核算】下面有什么变化？为什么？

相关知识

初始化业务启用功能的权限只赋予系统管理员（Administrators 组的成员），非管理员不能执行结束初始化的动作。

项 目 小 结

企业信息化的过程就是将企业管理各个环节数据化的过程。基础资料的准确是信息化成功的基石。大多数 ERP 系统的使用都需要经历前期数据准备→期初数据录入→切换系统上线→试运行→正式运行交付的过程。对于一个 ERP 系统的实施成功，数据的准确是一个重要的前提，忽视前期数据的准备，会带来无尽的麻烦，这也是 ERP 项目实施失败的重要原因。在 ERP 行业中有一句俗语"garbage in，garbage out."，就是进入的是垃圾数据，出来的一定也是垃圾数据。

基础资料准备要注意数据标准化问题。在资料数据准备的过程中，要建立合理的标准再准备数据，而不是简单将线下的数据迁移到 ERP 系统中，例如，物料编码的制定一定要考虑企业合理的分类、统计、查询等方面的需要，建立合理分类标准，确保一物一码，又方便使用。

基础资料准备还要合理计量。相同的属性必须遵循相同的统计口径和标准，实现资料的准确计量，并考虑管理的需要，合理确定数据的统计精度和粒度。例如，定义销售提前期，就要充分考虑交付客户的实际发运时间，当运输时间波动较大时，要合理留出余量，以免影响商品销售交付。

基础资料的准备要避免"信息孤岛"问题。基础数据要做到一次录入，重复使用，避免信息共享障碍，影响数据的一致性，造成使用效果打折扣。对于数据的使用也要合理确定权责，明确权限，既保证使用方便，又避免企业机密信息的泄露。

本项目讲授企业在 ERP 正式上线前的准备工作。通过学习，用户会了解如何准备 ERP 所需要的基础数据，理解企业基础数据的重要性。数据的录入只是期初数据准备的最后一个环节，通过本项目的学习，用户掌握了常见资料的录入方法，但是更加重要的是要掌握基础资料准备的关键要点，重点理解数据关键属性背后的管理意义，理解数据和后续业务模块的相关联系，才能合理使用数据完成和控制业务的进行，实现管理的优化。

项目三 生产数据管理

项目重点

- 工厂日历
- 物料清单（BOM）
- 工作中心和资源清单
- 工序和工艺路线

任务一 多工厂日历

任务引入

刚完成基础资料的整理工作，生产相关基础数据的整理工作又开始了。ERP 实施顾问胡工建议道："现代工业的高效率生产是以有效的生产计划为核心的，所有企业相关部门都要按照计划的步调共同协作完成工作，一个高效、合理的计划建立在对企业运营状态的准确掌控，这需要进行大量基础数据的收集和整理，这是我们首先要进行的工作。第一个需要确定的数据就是企业计划的时间基准——工厂日历，贵公司的上班时间一般如何定？""我们公司采用标准的每周五天工作制，每天 8 小时，法定节假日休息，完全符合《劳动法》的规定。"人力资源部经理李琴回答道。

业务流程

全公司基准日历设置→部门特殊工作时间调整。

操作步骤

在【计划管理】→【生产数据管理】→【多工厂日历】→【多工厂日历-维护】中设置工厂日历。

（1）全公司基准日历设置。首次打开时，系统会弹出提示框提示"工厂日历未设置，请设置"，在弹出的设置中设置基准日历：本案例工厂日历起始日为 2014-9-1，周六、周日设置为休息日。该设置仅需要设置一次，以后无须再次设置。

（2）再次双击【多工厂日历-维护】进入界面，单击"工厂日历"按钮，选择左边导航栏中的"主工厂日历"。对于企业有部分生产部门有特殊工作时间安排的，可以进行特殊调整。单击"组织架构"按钮，切换到部门日历设置状态。单击左边导航栏中相应部门，即可修改某部门的工作日历。创世公司所有部门采用统一工作时间，因此不再进行部门特殊工作时间调整。

> **操作一点通** 不允许修改系统当前日期之前的工作日历，可修改当前日期和当前日期之后的工作日历。

相关知识

1. 时间分割的概念

时间分割（也称为时间分段）是 ERP 的三大关键技术之一，就是将连续的时间流划分成一些适当的时间单元，在不同的时间单元反映库存状态数据、生产进度等数据。ERP 计划的特点就是一种分时段计划，在时间轴上反映物料的实际需求。时间分割可以设置为月、周、日，也可以细化到小时、分钟等不同时段。时间分割越细，计划精确度越高，管理的难度就越大；分割越粗、计划越简单、管理越粗放。我们用“粒度”这个术语来衡量切分的程度。如何选择合适的切分粒度是一个复杂的问题，一般来说，时间切分的粒度要和管理的粒度相匹配。例如，一个实际计划管理只能把任务分解到天的企业，即使在 ERP 系统中细化到小时也是难以实现管理目标的。

2. 工厂日历的概念

工厂日历就是时间分割的一种体现，是专门用于排计划的日历，去掉了休息日和节假日等非工作日。金蝶 K/3 系统的工作日历以“日”作为最小时段。适合大多数中小企业的需要。某些大型 ERP 系统还可以细化到小时和分钟。

3. 多工厂日历的作用

金蝶 K/3 ERP 的多工厂日历能够支持为企业内独立部门，甚至独立工作中心和生产设备设置个性化的工作日历，以支持企业多样化的排班要求。

任务二 物料清单（BOM）

任务引入

胡工给生产主管徐工安排了一项重要的任务，整理产品的物料清单，掌握产品的结构信息和用料情况，徐工很快拿来了一摞产品工艺图纸。胡工笑着说：“这可不是物料清单。”胡工继续解释道：“物料清单（Bill of Materia，BOM）是指产品所需零部件明细表及其结构，为了便于计算机识别，把用图形表达的产品结构转化成某种数据格式，这种以数据格式来描述产品结构的文件就是物料清单，即 BOM 是定义产品结构的技术文件，因此它又称为产品结构树、产品结构表或 BOM 表。虽然 BOM 来源于产品设计图纸，但是设计图纸并不能直接被计算机识别和使用，需要经过转化和整理。根据你们公司的情况我制作了车前轮（28 英寸）的 BOM 例子，请参考这个例子制作其他 BOM 数据”。

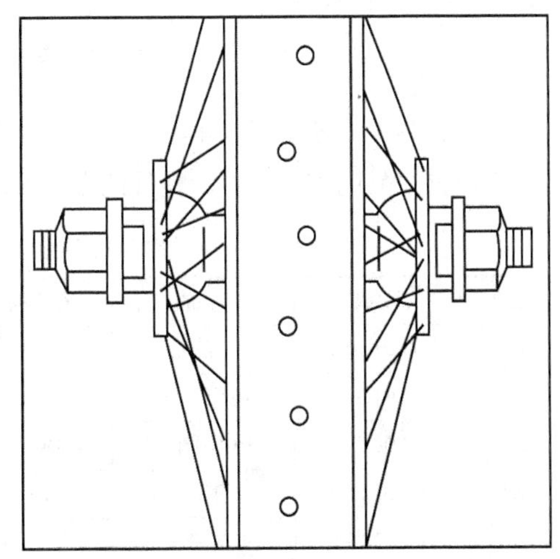

图 3–1 自行车车前轮

前轮轴承、车圈、辐条、辐条帽、外胎、内胎。

自行车前轮工艺图纸如图 3–1 和图 3–2 所示。

根据工艺文件可绘制产品结构树，如图 3–3 所示。

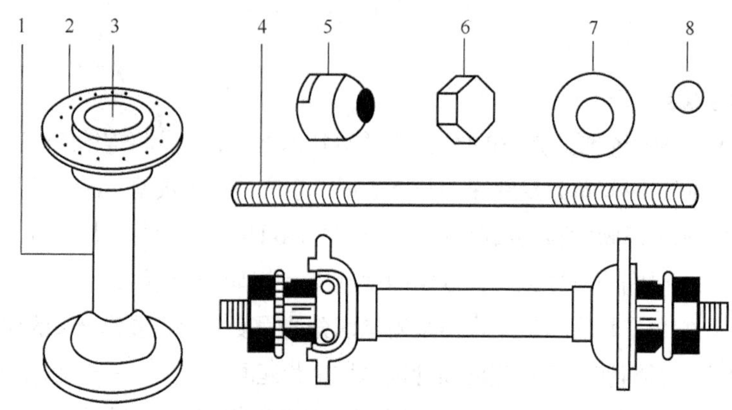

图 3-2　前轮轴承组成

1—前轴皮；2—前轴花盘；3—前轴碗；4—前轴棍；5—前轴档；6—前轴锁螺；7—轴垫圈；8—钢珠。

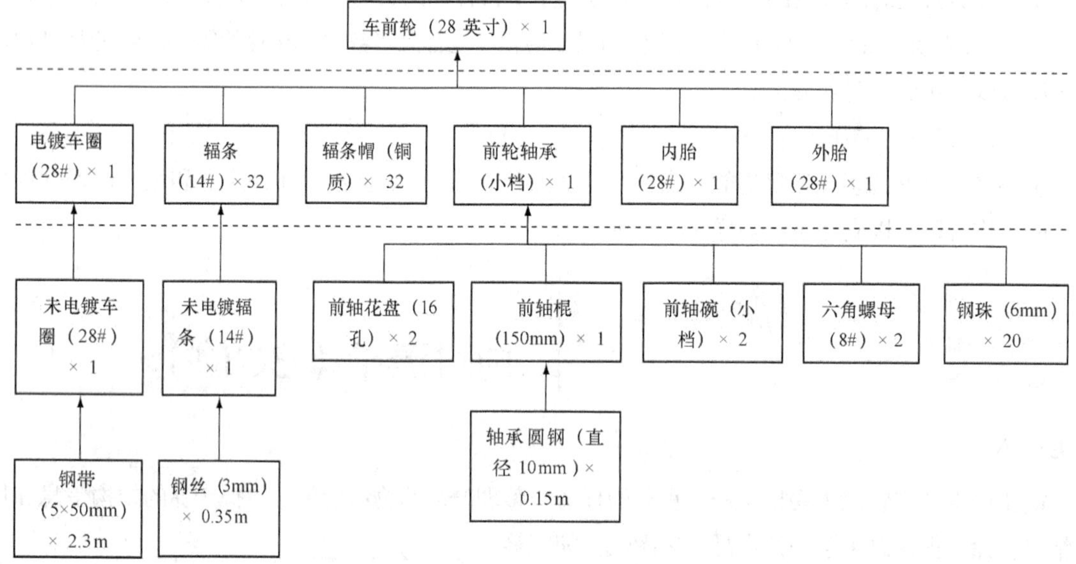

图 3-3　车前轮（28 英寸）的产品结构树

备注：为了方便学习，本案例对车前轮 BOM 进行了适当简化。

根据该产品的工艺文件，整理的多层 BOM 清单如表 3-1 所示。

表 3-1　　车前轮（28 英寸）多级展开 BOM 清单

层次	代码	名称	规格型号	标准用量	成品率（%）	损耗率（%）
1.	03.01.012	车前轮	28 英寸	1	100	
.2	02.01.102	电镀车圈	28#，电镀	1	100	
..3	02.01.202	未电镀车圈	28#，未电镀	1	100	
...4	01.01.010	钢带	5×50mm	2.3 米		
.2	02.01.091	辐条	14#	32	100	5
..3	02.01.191	未电镀辐条	14#，未电镀	1	100	
...4	01.01.015	钢丝	3mm	0.35m		
.2	01.01.095	辐条帽	铜质	32		5

续表

层次	代码	名称	规格型号	标准用量	成品率（%）	损耗率（%）
.2	02.01.801	前轮轴承	小挡	1	100	
..3	01.01.020	前轴花盘	16 孔	2		
..3	01.01.030	前轴碗	小挡	2		
..3	02.01.002	前轴棍	150mm	1	100	
...4	01.01.002	轴承圆钢	直径 10mm	0.15 米		
..3	01.01.060	钢珠	6mm	20		
..3	01.01.070	六角螺母	8#	2		
.2	01.02.202	内胎	28 英寸	1		
.2	01.02.102	外胎	28 英寸	1		

从表 3-1 可以看到一个 BOM 结构的基本要素有：物料的层级结构（父子关系）、标准用量和损耗情况（数量关系）。在深入应用中还可以加入工艺路线、偏置期、倒冲使用等因素。

业务流程

业务流程如图 3-4 所示。

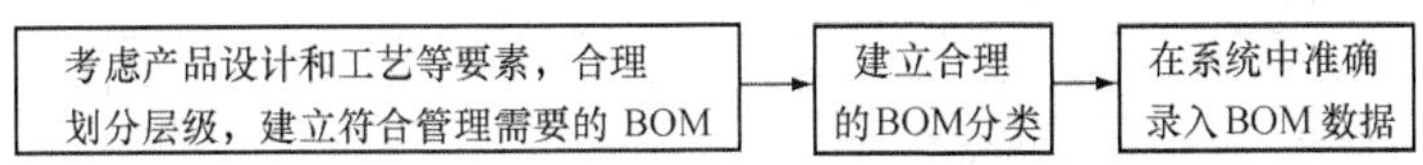

图 3-4 业务流程

操作步骤

（1）首先确保 BOM 需要的物料已经录入，相关属性已经正确设置。物料录入参见项目二中基础数据物料资料的录入。

（2）分析 BOM 类型，合理建立 BOM 分类，金蝶 ERP-K/3 系统中通过建立多级 BOM 分组来实现 BOM 的分类管理，便于更加清晰、有效地管理数量众多的 BOM 单据。

在【计划管理】→【生产数据管理】→【BOM-维护】→【BOM 维护】，进入 BOM 过滤界面，设置筛选条件后，单击“确定”按钮。进入 BOM 维护界面后，单击“编辑”菜单，选择“新增组别”，新增以下 2 个 BOM 组：

01　　产成品 BOM 组

02　　半成品 BOM 组

操作一点通

合理设置【BOM 维护】中的过滤条件：在 BOM 过滤界面中，可以设置许多筛选条件，这些条件会同时发生作用。因此操作时要注意合理设置过滤条件，避免出现已经录入的 BOM 单据却无法找到的情况。例如，某单据是 2012 年 9 月 20 日录入的，如果建立时间查询条件设置为 2014 年 5 月 2 日 至 2014 年 6 月 30 日，那么就查询不到相应的 BOM 单据。

产品数据管理（Product Data Management，PDM）是专门用来管理所有与产品相关信息（包括零件信息、配置、文档、CAD 文件、结构、权限信息等）和所有与产品相关过程（包括过程定义和管理）的技术。通过 PDM 功能能够更方便把产品设计文件转化为 BOM 文件，提升转换效率。本案例未启用 PDM 功能，因此在【BOM 维护】查询时，不要勾选 PDM 相关功能，否则会无法找到数据。

（3）BOM 分解录入。根据 BOM 的上下级关系，合理划分 BOM 单据，确定 BOM 单据数量。划分原则是：一个直接的“父子关系”可作为一张 BOM 单据录入系统。

本案例“车前轮（28 英寸）”的完整物料清单需要分解为 7 张 BOM 单据，录入操作如下。

① 单击“产品组”后新增 “车前轮（28 英寸）”的 BOM 单据。将“车前轮”填写到 BOM 单据的表格头部“物料代码”栏，如表 3–2 所示。

表 3–2　车前轮（28 英寸）BOM

代码	名称	规格型号	标准用量	成品率（%）	
03.01.012	车前轮	28 英寸	1	100	

将该产品的直属物料填写到子项表格中，如表 3–3 所示。

表 3–3

代码	名称	规格型号	标准用量	成品率（%）	损耗率（%）
01.01.095	辐条帽	铜质	32		5
01.02.102	外胎	28 英寸	1		0
01.02.202	内胎	28 英寸	1		0
02.01.091	辐条	14#	32		5
02.01.102	电镀车圈	28#，电镀	1	100	0
02.01.801	前轮轴承	小档	1		0

保存 BOM 并审核单据。

② 单击“半成品组”后新增“前轮轴承”BOM 单据，如表 3–4 所示。

表 3–4　前轮轴承（小挡）的单层 BOM

代码	名称	规格型号	标准用量	成品率（%）	损耗率（%）
02.01.801	前轮轴承	小档	1	100	

将该产品的直属物料填写到子项表格中，如表 3–5 所示。

表 3–5

代码	名称	规格型号	标准用量	成品率（%）	损耗率（%）
01.01.020	前轴花盘	16 孔	2		0
01.01.030	前轴碗	小档	2		0
01.01.060	钢珠	6mm	20		0
01.01.070	六角螺母	8#	2		0
02.01.002	前轴棍	150mm	1	100	0

保存 BOM 并审核单据。

③ 单击“半成品组”后新增“辐条（14#）”BOM 单据，如表 3–6 所示。

表 3–6 辐条（14#的单层 BOM）

代码	名称	规格型号	标准用量	成品率（%）	损耗率（%）
02.01.091	辐条	14#	32	100	5

将该产品的直属物料填写到子项表格中，如表 3–7 所示。

表 3–7

代码	名称	规格型号	标准用量	成品率（%）	损耗率（%）
02.01.191	未电镀辐条	14#，未电镀	1	100	0

保存 BOM 并审核单据。

④ 单击“半成品组”后新增“电镀车圈（28#，电镀）”BOM 单据，如表 3–8 所示。

表 3–8 电镀车圈（28#，电镀）的单层 BOM

代码	名称	规格型号	标准用量	成品率（%）	损耗率（%）
02.01.102	电镀车圈	28#，电镀	1	100	

将该产品的直属物料填写到子项表格中，如表 3–9 所示。

表 3–9

代码	名称	规格型号	标准用量	成品率（%）	损耗率（%）
02.01.202	未电镀车圈	28#，未电镀	1	100	0

保存 BOM 并审核单据。

⑤ 单击“半成品组”后新增“未电镀辐条（14#，未电镀）”BOM 单据，如表 3–10 所示。

表 3–10 未电镀辐条（14#，未电镀）的单层 BOM

代码	名称	规格型号	标准用量	成品率（%）	损耗率（%）
02.01.191	未电镀辐条	14#，未电镀	1	100	

将该产品的直属物料填写到子项表格中，如表 3–11 所示。

表 3–11

代码	名称	规格型号	标准用量	成品率（%）	损耗率（%）
01.01.015	钢丝	3mm	0.35m		0

保存 BOM 并审核单据。

⑥ 单击“半成品组”后新增“未电镀车圈（28#，未电镀）”BOM 单据，如表 3–12 所示。

表 3–12 未电镀车圈（28#，未电镀）的单层 BOM

代码	名称	规格型号	标准用量	成品率（%）	损耗率（%）
02.01.202	未电镀车圈	28#，未电镀	1	100	

将该产品的直属物料填写到子项表格中，如表 3–13 所示。

表 3–13

代码	名称	规格型号	标准用量	成品率（%）	损耗率（%）
01.01.010	钢带	5×50mm	2.3		0

保存 BOM 并审核单据。

⑦ 单击“半成品组”后新增“前轴棍（150mm）”BOM 单据，如表 3–14 所示。

表 3–14　前轴棍（150mm）的单层 BOM

代码	名称	规格型号	标准用量	成品率（%）	损耗率（%）
02.01.002	前轴棍	150mm	1	100	

将该产品的直属物料填写到子项表格中，如表 3–15 所示。

表 3–15　前轴辊（150mm）BOM 单据内容

代码	名称	规格型号	标准用量	成品率（%）	损耗率（%）
01.01.002	轴承圆钢	直径 10mm	0.15m		0

保存 BOM 并审核单据。

操作一点通

录入 BOM 时如果 BOM 放置的分类不正确，可以通过剪切、粘贴功能调整 BOM 单据存放的分类文件夹，无须删除再重新录入。操作方法：选中需要移动的 BOM，选择菜单【编辑】→【剪切】，再选择目标文件夹，选择菜单【编辑】→【粘贴】。

提问

录入和审核完成后，用 BOM 查询功能检查结果，在【生产管理】→【生产数据管理】→【BOM 查询】→【BOM 多级展开】模块，查看“车前轮（28 英寸）”BOM 单据。看到了该产品多少层 BOM 信息？是否完整？

（4）设置 BOM 为“使用”状态。选择【计划管理】→【生产数据管理】→【BOM–维护】→【BOM 维护】，进入 BOM 过滤界面，设置筛选条件后，单击“确定”按钮。进入 BOM 维护界面后，选中 BOM，单击工具栏“使用”按钮即可。

提问

重新进入【生产管理】→【生产数据管理】→【BOM 查询】→【BOM 多级展开】，查看“车前轮（28 英寸）”的 BOM，注意参看该产品有多少层信息？和前一次查看有什么不同？你得出什么结论？

操作一点通

为了方便企业的应用，金蝶 K/3 系统设计了“使用”功能，正常使用的 BOM 不仅要审核，还必须设置为“使用”，只有设置为“使用”状态的 BOM 才能在计划管理中纳入计算。

系统中同一物料可以存在多个“审核”状态的 BOM，但只能存在一个“使用”状态的 BOM。一个产成品系列中不同型号产成品常共用很多相同的半成品部件（称为共用料件），例如，自行车车前轮（24 英寸）和（28 英寸）共用同一种车前轮轴承，那么，该前轮轴承的 BOM 单据只需要录入一张，并设置为“使用”就可以被共享。这种 BOM 管理方法可以减少重复工作量，而且产品更换零部件时，也方便更新。

（5）BOM 合法性检查。可以使用 BOM 合法性检查帮助我们发现 BOM 的一些常见问题，在【计划管理】→【生产数据管理】→【BOM 维护】→【BOM 合法性检查】中进行。

BOM 嵌套检查：检查 BOM 数据出现循环调用的情况，如图 3-5 所示。

BOM 完整性检查：检查生产物料是否具有“使用”状态的 BOM，如图 3-6 所示。

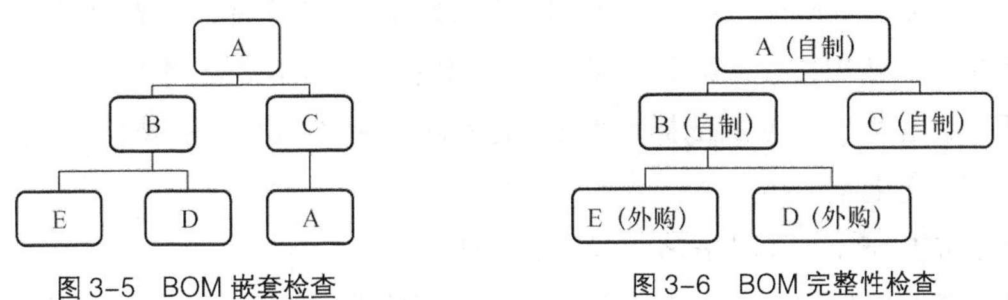

图 3-5　BOM 嵌套检查　　图 3-6　BOM 完整性检查

BOM 工艺路线检查：检查 BOM 是否具有工艺路线。如果不需要采用工艺路线管理时，可以省略该检查步骤，如图 3-7 所示。

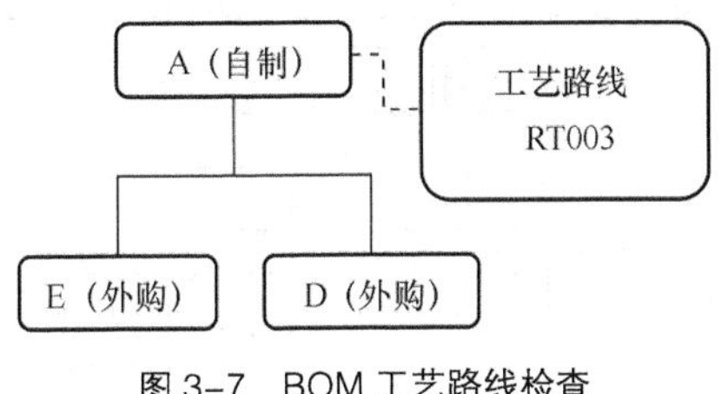

图 3-7　BOM 工艺路线检查

（6）BOM 的查询。BOM 在不同领域有不同的表现形式，在【计划管理】→【生产数据管理】→【BOM 查询】中，我们可以通过不同的查询功能，显示符合我们需求的 BOM 形式，核查 BOM 数据的准确度。

BOM 单级/多级展开：通过父项物料查询子项物料的组成，多级展开还能够展开下面的所有层次（前提条件是相关 BOM 都被使用）。

BOM 单级/多级反查：通过子项物料查看有哪些 BOM 中使用了该物料，多级展开还可以展开所有的父项物料（前提条件是相关 BOM 都被使用）。该查询常用来评估如果更换材料会影响哪些成品的生产，也常常用来追查某种材料的用量在不同 BOM 中的使用是否正确。

BOM 综合展开：将不同层次的物料汇总显示，方便查询某产品所需材料的总量。

成本 BOM 查询：按照 BOM 结构，可以逐层展开每个物料的成本构成。该功能正确使用需要“成本管理”模块的支持。

BOM 差异分析：可以对两张及以上 BOM 进行对比分析，找出 BOM 之间不同的材料构成情况。常用来对系列产品之间进行对比分析。

BOM 树形展开：可以按照树形结构逐层展开 BOM（前提条件是相关 BOM 都被使用）。

BOM 预期呆滞料分析表：在产品设计更新换代

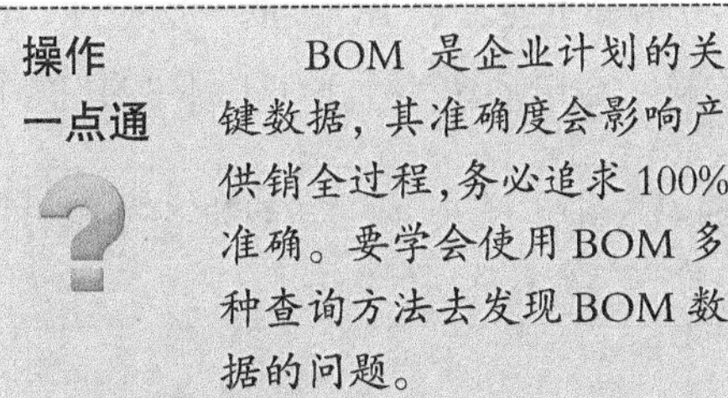

时，常常需要更换部分零部件，进行 BOM 变更，分析表可以由系统显示由于 BOM 物料变更可能造成的呆滞料，给生产管理人员或物料管理人员使用。

相关知识

1．物料清单（BOM）概念

物料清单（Bill of Materials，BOM）是表述产品结构的技术文件，它表明了产品组件、子件、零件直到原材料之间的结构和数量关系。BOM 文件中最重要的有 3 个基本信息：物料编码，物料之间的构成关系（父子关系）、物料的标准用量。在实际使用中，常常还会加入材料的损耗率、产品的成品率、工艺路线等要素。

2．BOM 体现的生产模式是 ERP 选型的重要参考因素

企业生产类型多样，产品 BOM 也有多种形态和生产模式、工艺要求等密切关系。图 3–8 是 BOM 的 3 种结构。

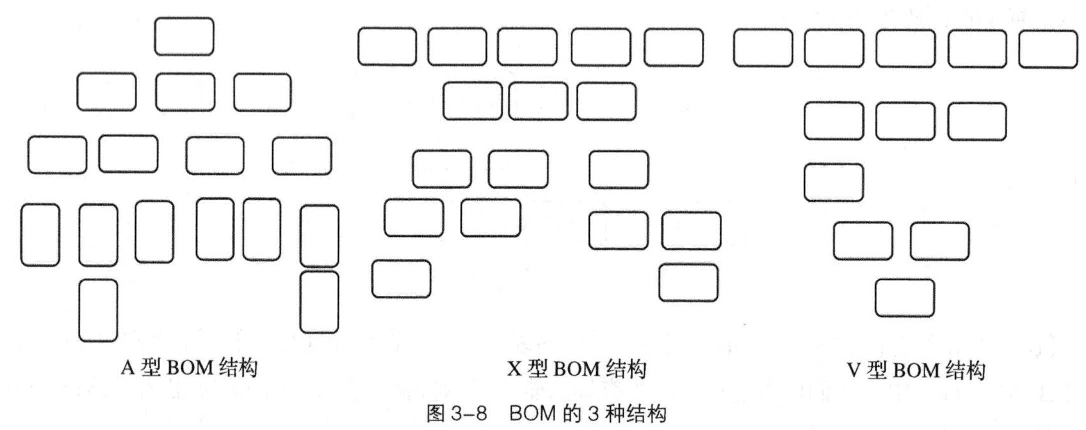

图 3–8　BOM 的 3 种结构

A 型产品结构是最常见的装配型产品的产品结构，成品物料较少，原材料和半成品物料数量较多，如家电制造。X 型产品结构在配置型装配生产的行业比较常见，其特点是原材料种类较多，半成品数量较少，而成品可以由半成品进行配置型组装产生，种类较多，如计算机行业。V 型产品结构常见于化工行业，其特点是原材料种类较少，但是生产的成品种类较多，而且由于化学加工工艺的原因，原料和成品生产的投料产出比例难以精确确定。BOM 实际上反映了企业的生产模式，因此 BOM 是 ERP 选型的重要参考因素，不同 ERP 对不同生产行业的支持程度不同。例如，金蝶 K/3 ERP 对离散加工支持程度较好，对 A 型、X 型 BOM 能够支持，对化工行业 X 型 BOM 结构支持度不够。

本书主要讲解 BOM 的一般应用。BOM 的一些高级应用方法，例如，配置型 BOM、规划类 BOM、客户化 BOM、BOM 倒冲领料等模式请参考相关帮助文档。

练习　请录入“车前轮（24 英寸）”的完整 BOM，其产品结构如图 3–9 所示，BOM 清单如表 3–16 所示。

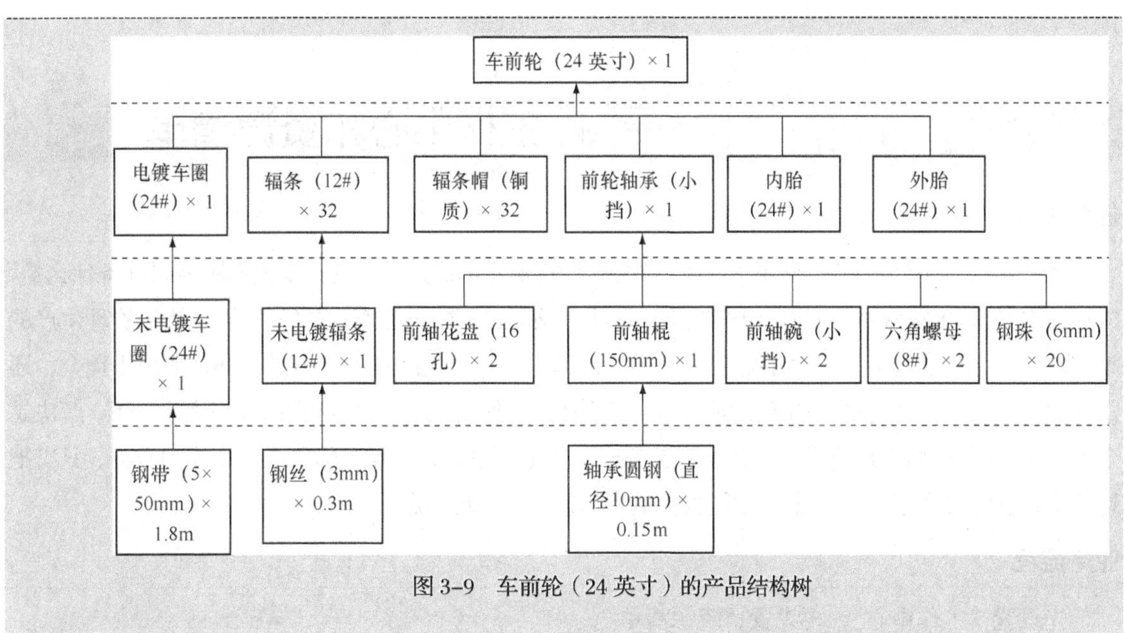

图 3-9　车前轮（24 英寸）的产品结构树

表 3-16　　车前轮（24 英寸）多级展开 BOM 清单

层次	代码	名称	规格型号	标准用量	成品率（%）	损耗率（%）
1.	03.01.013	车前轮	24 英寸	1	100	
.2	02.01.103	电镀车圈	24#，电镀	1	100	
..3	02.01.203	未电镀车圈	24#，未电镀	1	100	
...4	01.01.010	钢带	5×50mm	1.8m		
.2	02.01.093	辐条	12#	32	100	5
..3	02.01.193	未电镀辐条	12#，未电镀	1	100	
...4	01.01.015	钢丝	3mm	0.3m		
.2	01.01.095	辐条帽	铜质	32		5
.2	02.01.801	前轮轴承	小挡	1	100	
..3	01.01.020	前轴花盘	16 孔	2		
..3	01.01.030	前轴碗	小挡	2		
..3	02.01.002	前轴棍	150mm	1	100	
...4	01.01.002	轴承圆钢	直径 10mm	0.15m		
..3	01.01.060	钢珠	6mm	20		
..3	01.01.070	六角螺母	8#	2		
.2	01.02.203	内胎	24 英寸	1		
.2	01.02.103	外胎	24 英寸	1		

注意　录入完成后，系统中共有几张 BOM 单据，可以设置为“使用”的有多少张？

任务三 工作中心和资源清单

任务引入

生产主管徐工说："准备好了BOM，详细物料需求我们清楚了，下一步我们还需要准备什么？""你们需要使用ERP系统管理企业产能吗？"胡工反问道。徐工答道："当然需要，我们管理生产的难点之一就是产能的计算，手工处理时，不仅计算工作量大，而且容易出错，一旦考虑不周全，还常常出现生产加班或者产能闲置的问题。我们就是希望使用ERP系统帮我们好好优化一下，解决这个老大难问题""如果是这样，那么你们还需要准备工作中心、资源清单和工艺路线的数据，只有把这几个数据收集齐了，ERP系统才能帮你们计算产能。"胡工说。

业务流程

先设置"工作中心"，再设置"资源清单"。

操作步骤

（1）在【系统设置】→【基础资料】→【公共资料】→【工作中心】中录入表3–17中的工作中心信息。

表3–17 工作中心信息

代码	名称	所属部门	是否关键工作中心	班制代号	效率%	利用率%	能力计算类型	
10	组装加工	装配车间	是	一班制	100	100	设备	
20	冲压加工	机加工车间		一班制	100	100	设备	
30	数控加工	机加工车间		一班制	100	100	设备	
40	冷镦加工	机加工车间		一班制	100	100	设备	
50	辐条加工	机加工车间		一班制	100	100	设备	
60	焊接加工	机加工车间		一班制	100	100	人	

（2）在【计划管理】→【生产数据管理】→【基础资料】→【资源清单】中录入表3–18中资源清单数据。

表3–18 资源清单分组数据

代码	名称
01	组装设备
02	机加工设备
03	工作人员

选择菜单【编辑】→【新增组别】，建立资源清单分组数据。

选择菜单【编辑】→【新增】，输入具体的资源清单数据（见表3–19），注意所属分组类别。

表 3-19 资源清单数据

组别	代码	名称	类型	所属工作中心
01 组装设备	Z10	组装线 1 号	设备	组装加工
	Z11	组装线 2 号	设备	组装加工
02 机加工设备	J10	冲床	设备	冲压加工
	J20	数控机床	设备	数控加工
	J30	冷弯机	设备	冷镦加工
	J40	辐条组合机床	设备	辐条加工
03 工作人员	R10	电焊 1 班	人	焊接加工
	R11	电焊 2 班	人	焊接加工

操作一点通

如果资源清单放错所属资源分组，可以通过“剪切”、“粘贴”的功能移动所属分组位置。

资源类型有 3 种：设备、生产线、人。注意目前金蝶 K/3 13.0 版本在核算生产能力时，还不支持生产线类型，因此请不要使用。

工作中心能力计算类型要和该工作中心中资源类型相匹配。例如，本案例中焊接加工中心能力计算类型为“人”，那么该中心至少要有 1 个类型为“人”的加工资源，否则系统会认为该工作中心没有可用资源，会影响工艺路线的设置。

提问 录入完资源后，重新打开工作中心，看看数据有什么变化，为什么？

相关知识

1. 工作中心的概念

工作中心（Working Center，WC）是生产加工单元的统称，在完成一项加工任务的同时也产生了加工成本。工作中心是衡量能力计划的基本单元，工作中心的划分可粗可细。在系统初始运行时，可先将工作中心划粗一些，使系统运行简化，便于掌握，然后再逐步细化，提高系统运行的成功率。定义工作中心的关键是确保工作中心的划分和管理与用户所需的管理粒度相适应。以下是工作中心定义的常见范例。

- 一组功能相同，型号、能力相近的设备构成一个工作中心。
- 由一个关键资源和几个辅助资源的整体构成一个工作中心。
- 一个外协的加工单位。

2. 资源清单的概念

资源清单是生产所用的具体的资源，主要有设备和人员。资源清单是能力计算的最小单位，能力需求计划只考虑资源类型为“人”和“设备”的资源。目前金蝶 K/3 13.0 版本在核算生产能力时，暂时还不支持“生产线”类型的能力核算，因此请不要使用。

3. 工作中心能力计算方法

工作中心的能力计算公式：

工作中心实际能力=资源数 × 班制日工作时间 × 效率 × 利用率

$$利用率 = 实际使用的时间/可用时间\times100\%$$

例如，工作中心一周有120小时可用，但是实际生产时间是90小时，那么它的利用率为75%。该数值小于等于100%。

$$效率 =实际输出/标准输出\times100\%$$

例如，一个工作中心每周100小时生产出来110个小时的产品，因此它的效率是110%。该数值可以大于100%。

例如，组装加工中心，每天工作8小时，有2条组装线。组装加工中心的总工作能力16小时/工作日。如果效率为80%，但是利用率为120%，那么实际工作能力为15.36小时。

任务四 工序和工艺路线

任务引入

生产主管问："准备工艺路线时要注意什么？"胡工答道："工艺路线记录了加工的产品在各个工作中心依次进行各工序加工的过程，其中比较关键的是要保障工序顺序的正确性，并确保采集到比较准确的加工量和加工时间数据，主要涉及的数据有准备时间、加工时间、加工批量、移动时间、移动批量等。这些数据是准确核算生产负荷的前提。测量这些时间的时候，要注意考虑操作工人的娴熟度，一般以中等熟练程度的工人操作速度为标准比较合适。另外如果需要核算成本，还需要从财务部门了解标准工时成本，以方便后续统计核算。"

业务流程

先设置"工序"，再设置"工艺路线"。

操作步骤

（1）在【系统设置】→【基础资料】→【公共资料】→【辅助资料管理】中找到【工序资料】录入表3-20中的工序资料。

表3-20　　工序资料

工序代码	名称
10	组装
20	冲断
30	车削
40	钻孔
50	焊接
60	冷弯
70	辐条成型
80	电镀

（2）在【计划管理】→【生产数据管理】→【工艺路线】→【工艺路线-维护】中录入表 3-21 中的工艺路线资料。

表 3-21　　工艺路线分组设置实例

代码	名称	下设工艺路线
10	装配	前轮装配工艺，前轴承组装工艺
20	机加工	车圈成形工艺，辐条成形工艺，前轴棍加工工艺

依次选择菜单【编辑】→【新增组别】，新建工艺路线分组。

依次选择菜单【编辑】→【新增】，新建具体工艺路线。

① 前车轮组的完整加工过程，如表 3-22 所示。

表 3-22　　前轮装配工艺的工艺路线

工艺路线名称：前轮装配工艺　　物料：03.01.012　前车轮（28 英寸）

工序号	工序名称	工作中心	时间单位	排队时间	准备时间	加工批量	运行时间	移动批量	移动时间	资源数			
10	组装	组装加工	分钟	0	0	1	6	1	0	1			

② 前轮轴承的完整加工过程，如表 3-23 所示。

表 3-23　　前轮轴承组装工艺的工艺路线

工艺路线名称：前轴承组装工艺　　02.01.801 前轮轴承（小挡）

工序号	工序名称	工作中心	时间单位	排队时间	准备时间	加工批量	运行时间	移动批量	移动时间	资源数			
10	组装	组装加工	分钟	0	0	1	3	1	0	1			

③ 未电镀车圈的完整加工过程，如表 3-24 所示。

表 3-24　　车圈成型工艺的工艺路线

工艺路线名称：车圈成型工艺　　02.01.202 未电镀车圈（28#，未电镀）

工序号	工序名称	工作中心	时间单位	排队时间	准备时间	加工批量	运行时间	移动批量	移动时间	资源数			
10	焊接	焊接加工	分钟	0	0	1	6	10	6	1			
20	冷弯	冷镦加工	分钟	0	0	10	30	10	6	1			
30	钻孔	数控加工	分钟	0	0	1	6	10	6	1			

④ 未电镀辐条的完整加工过程，如表 3-25 所示。

⑤ 前轴棍的完整加工过程，如表 3-26 所示。

表 3-25　　辐条成形工艺的工艺路线

工艺路线名称：辐条成形工艺　　02.01.191 未电镀辐条（14#，未电镀）

工序号	工序名称	工作中心	时间单位	排队时间	准备时间	加工批量	运行时间	移动批量	移动时间	资源数			
10	辐条成型	辐条加工	分钟	0	0	1	0.04	400	1	1			

表 3-26　　前轴棍加工工艺的工艺路线

工艺路线名称：前轴棍加工工艺　　02.01.002 前轴棍（150mm）

工序号	工序名称	工作中心	时间单位	排队时间	准备时间	加工批量	运行时间	移动批量	移动时间	资源数			
10	冲断	冲压加工	分钟	0	0	1	0.1	100	1	1			
20	车削	数控加工	分钟	0	0	1	3	100	1	1			

操作一点通

工艺路线序号是工序顺序的依据，为了方便以后可能插入新工序，工序一般要采用不连续编号方式“10、20、30……”。

工艺路线保存时提示“×行资源数不能超过工作中心的[人员数]或者[设备数]”，是因为工作中心没有可用资源，或者工作中心的能力计算类型和资源的能力计算类型不匹配。例如，焊接加工中心的能力核算类型为“人”，如果焊接1组、焊接2组的资源清单能力核算类型设置为“设备”，就会出现类型不匹配的现象。请检查工作中心和资源清单相关数据。

相关知识

1. 工艺路线的概念

工艺路线（Routing）主要说明物料实际加工和装配的工序顺序、每道工序使用的工作中心、各项时间定额（如准备时间、加工时间和传送时间，包括排队与等待时间）及外协工序的时间和费用。

2. 工艺路线的作用

（1）用于能力需求计划的分析计算，平衡各工作中心的能力。工艺路线文件中说明了消耗各个工作中心的工时定额，用于工作中心的能力运算。

（2）用于计算 BOM 的有关物料的提前期。根据工艺文件的准备时间、加工时间和传送时间计算提前期。

（3）用于下达车间作业计划。根据加工顺序和各种提前期进行车间作业安排。

（4）用于加工成本的计算。根据工艺文件的工时定额（外协费用）及工作中心的成本费用数据计算出标准成本。

3. 金蝶 K/3 ERP 工艺路线关键字段数据说明，如表 3-27 所示。

表 3-27 工艺路线资料关键属性含义

数据项	说明	必填项（是/否）
资源数	默认取 1，可手工维护，但必须小于工作中心的“设备数”	是
基本系数	默认为 1，可手工维护	否
时间单位	时间的计量单位，只有“小时”、“分钟”选项，必录项	是
排队时间	物料在工作中心等待加工的排队时间	否
准备时间	物料批量加工前从工作中心调整到生产出第一个（批）合格产品的工作时间	否
加工批量	物料加工的最小批量，默认为一个计量单位，不能为 0	是
运行时间	加工一个加工批量的物料所用的加工时间，不能为 0	是
移动批量	产品从本工序移动到下一工序的批量，默认为一个计量单位，不能为 0	是
移动时间	产品从本工序移动到下一工序的时间	否
自动派工	默认为“否”，可维护，如果是否外协为“是”，则此字段自动设为“否”，不可维护	否
自动移转	默认为“否”，可维护，如果是否外协为“是”，则此字段自动设为“否”，不可维护	否
是否计费	是否计算工序成本。只有“是”、“否”两个选项，默认为否	是
单位成本（元）	工序的单位加工成本，计费单位为元。仅当是否计费为“是”时可录入	否
是否外协	是否为外协工序。只有“是”、“否”两个选项，默认为否	是
加工单位	外协工序的加工单位。仅当是否外协为“是”时可录入	否
检验方式	工序检验的方式。只有“免检”、“全检”、“抽检”选项，默认为免检	是
检验方案	工序检验方案。仅当工序检验方式为“全检”与“抽检”时可录入	否
检验员	工序检验员。仅当工序检验方式为“全检”与“抽检”时可录入	否
单位计件工资	本工序加工的单位计件工资	否
标准机器准备工时	对应工作中心的能力计算类型是“设备”时，自动带入标准机器准备工时，可修改	否
标准机器运行工时	对应工作中心的能力计算类型是“设备”时，自动带入标准机器运行工时，可修改	否
标准人工准备工时	对应工作中心的能力计算类型是“人”时，自动带入标准人工准备工时，可修改	否
标准人工运行工时	对应工作中心的能力计算类型是“人”时，自动带入到标准人工运行工时，可修改	否

任务五 物料默认工艺和生产方式

任务引入

生产企业加工系列物料时，例如，车前轮 28 英寸和 24 英寸就是系列物料，常常采用相同的加工工艺，对于加工工艺完全相同的物料，不需要为每个物料录入工艺路线，只需要在物料资料中设置默认的工艺路线和生产方式即可，这可以大大节约准备时间。MPS/MRP 计算时会根据物料的默认工艺路线和生产方式，选择计划订单的类型。但是如果加工时间、设备等方面有不同的数据，那么就要为该物料单独定制工艺路线，以保障计划的准确性。

操作步骤

设置物料的默认加工资料。依次选择【系统设置】→【基础资料】→【公共资料】→【物料】，进入设置界面，修改加工物料的默认生产类型和工艺路线，如表3-28所示。

表3-28　　物料的默认工艺路线和默认生产类型设置实例

基本资料页			计划资料页	
物料号	物料名称	规格型号	默认工艺路线	默认生产类型
02.01.002	前轴棍	150mm	前轴棍加工工艺	工序跟踪普通订单
02.01.091	辐条	14#		委外加工
02.01.093	辐条	12#		委外加工
02.01.102	电镀车圈	28#，电镀		委外加工
02.01.103	电镀车圈	24#，电镀		委外加工
02.01.191	未电镀辐条	14#，未电镀	辐条成型工艺	工序跟踪普通订单
02.01.193	未电镀辐条	12#，未电镀	辐条成型工艺	工序跟踪普通订单
02.01.202	未电镀车圈	28#，未电镀	车圈成型工艺	工序跟踪普通订单
02.01.203	未电镀车圈	24#，未电镀	车圈成型工艺	工序跟踪普通订单
02.01.801	前轮轴承	小挡	前轴承组装工艺	工序跟踪普通订单
03.01.012	车前轮	28 英寸	前轮装配工艺	工序跟踪普通订单
03.01.013	车前轮	24 英寸	前轮装配工艺	工序跟踪普通订单

操作一点通

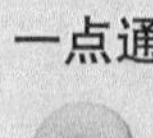

对于委外加工材料，一般由外协加工厂负责生产，本企业无须关心具体工序，可以不设置工艺路线。但是，如果本企业需要管理外协加工厂的生产能力，可以把外协加工厂看作本企业的一个生产部门，设置工艺路线，进行能力管理，这种管理方式对企业间协同管理的能力要求较高。

相关知识

1. 生产类型

金蝶K/3 V13.0版本提供7种类型：普通订单、委外加工、返工、重复生产、受托加工、工序跟踪普通订单、流转卡跟踪普通订单。

2. 如果要核算生产能力需要哪种生产类型

只有采用工序跟踪普通订单或者流转卡跟踪普通订单类型的生产任务才能计算粗能力RCCP和细能力CRP计划。普通订单类型的计划订单不能计算生产能力。

3. MPS/MRP计划订单确定生产类型的依据

MPS/MRP 计划计算时，确定物料采用何种生产类型，首先看物料的“默认生产类型”属性，如果该属性未设置，再根据物料属性（自制、外购、委外……）采取相应的生产类型（普通订单、采购、委外加工……）。

4. 默认工艺路线设置的作用

RCCP/CRP 进行能力计算时，首先看物料的“默认工艺路线数据”属性，如果该属性未设置，再根据物料对应 BOM 数据中设置的工艺路线计算能力负荷；如果多种物料采用相同工艺路线，可以只设置 1 条工艺路线，其他物料在“默认工艺路线”中设置相同的工艺路线，就可以达到共享工艺路线的效果；如果两者都未找到合适的工艺路线数据，会造成无法计算该物料的能力负荷。

项目小结

生产数据是企业进行计划管理、生产管理的基础。通过物料清单（BOM）能够掌握生产产品的材料标准消耗；设置工作中心和资源清单可帮助将产能核算落实到具体的工作单元；准备工艺路线不仅可以了解加工的顺序，而且是工作中心加工负荷和成本核算的基础。因此生产数据的准确会直接影响到 MPS/MRP 计划，影响 RCCP/CRP 能力计划的计算，还会决定成本计算的准确度。

对于生产数据的获取需要经过细致的工作，要掌握相关专业知识，并且掌握测量的方法。例如，工艺路线中加工时间的获取，就需要进行生产工序的工时测量才能准确获得，需要进一步掌握工业工程和生产运作管理的相关知识。在企业中，需要生产管理相关部门的通力合作才可以完成，对企业的运营管理也提出了较高的要求。

项目四 主生产计划

项目重点

- ERP 计划体系和 MPS 的功能
- 计划展望期和提前期设置
- MPS 的方案设置
- MPS 计算与算法逻辑

任务一 ERP 计划管理体系

ERP 生产计划管理有 5 个层次：经营规划、销售与运作规划（生产规划）、主生产计划、物料需求计划、生产/采购作业计划。计划是一个由宏观到微观的细化过程，如图 4-1 所示。

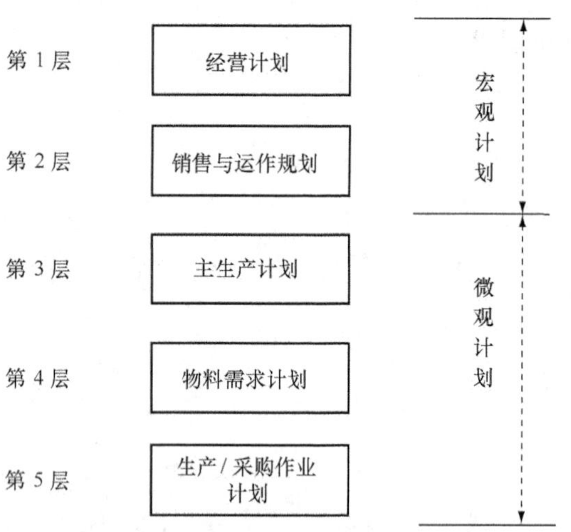

图 4-1 ERP 计划管理层次图

1. 第 1 层次——经营规划

企业的经营规划是计划的最高层次，经营规划是企业总目标的具体体现。企业的高层决策者根据市场调查和需求分析、国家有关政策、企业资源能力和历史状况、同行竞争对手的情况等有关信息，制定经营规划，即对策计划。它包括在来 2～7 年的时间内，本企业生产产品的品种及市场定位、预期的市场占有率、产品的年销售额、年利润额、生产率、生产能力规划、职工队伍建设等。

2. 第 2 层次——销售与运作规划

销售与运作规划（Sales and Operation Panning，SOP）大纲，它的任务是根据经营规划的目标，确定企业的每一类产品在未来的 1～3 年内，每年每月生产多少及需要哪些资源等。

3. 第 3 层次——主生产计划

主生产计划（Master Production Schedule，MPS）以生产计划大纲为依据，按时间段计划企业应生产的最终产品的数量和交货期，并在生产需求与可用资源之间做出平衡。

4. 第 4 层次——物料需求计划

物料需求计划（Material Requirement Planning，MRP）根据主生产计划中最终产品的需求数量和交货期，推导出构成产品的零部件及材料的需求数量和需求日期，直至推导出自制零部件的制造订单下达日期和采购件的采购订单发放日期，并进行需求资源和可用能力之间的进一步平衡。

5. 第 5 层次——生产/采购作业计划

生产作业控制（Production Activity Control，PAC）是计划的最底层，也是基础层。它根据 MRP 生成的零部件生产计划编制工序排产计划和采购计划。

本文主要讲解 ERP 计划的微观计划部分。宏观计划管理涉及的内容较广，思想方法众多，既有定量技术也有定性方法。ERP 发展的初期阶段并未将其纳入软件，但是随着 ERP 的发展和成熟，也开始逐步把其中一些成熟、有效的管理方法融入其中。想了解这些内容可参考相关专业书籍。

任务二 MPS 概述

1. MPS 定义

主生产计划（MPS）是按时间分段计划企业应生产的最终产品的数量和交货期。主生产计划说明在可用资源的条件下，企业在一定时间内，生产什么，生产多少，什么时间生产。

主生产计划的计划对象主要是把生产规划中的产品系列具体化以后的出厂产品，通称最终项目（End Item），也就是我们常说的“产成品”。

如何在 MPS 阶段决定企业产成品的生产量，主要的依据是外部需求量，也就是客户的要货需求或者成品库存缺乏的补货需求。无论是客户的直接订货还是成品库缺乏而进行的补货行为，其根本原因都是外部市场需求造成的。我们把这种需求称为“独立需求”。这是一个比较重要的概念，它是 ERP 计划管理的逻辑起点。

2. MPS 和生产类型的匹配关系

安排 MPS，需要考虑企业生产类型，如表 4–1 所示。

表 4–1 常见四种生产类型的特点

销售环境	计划依据	MPS 计划对象	举例
面向订单生产（Make To Order，MTO）	根据客户订货合同组织生产。一般等到接到订单才储备原材料库存并安排生产	销售订单	批量大小根据客户订单变化，如来料加工行业
面向工程设计（Engineer To Order，ETO）	根据客户要求专门设计，设计成型后再安排生产。生产组织和 MTO 类似	销售订单	单件或小批生产 非标准的特殊设备制造
面向库存生产（Make To Stock，MTS）	主要根据市场预测安排生产，产品完成后入库待销，要进行促销活动	销售预测	大批生产的定型产品，如日用消费品
面向订单装配（Assemble To Order，ATO）	一般半成品标准化程度高，产品成系列，有多种配置，根据合同选择装配。半成品一般要提前备库存，成品按客户订货装配	综合考虑销售订单和销售预测	标准系列产品，有可选项，如计算机生产

根据以上分析，MPS 的需求来源依据主要有 2 种：客户销售订单和生产/销售预测，如图 4-2 所示。不同生产类型会在两者中有不同的侧重。MTO，ETO 模式完全以客户订单为主，有订单才安排生产；MTS 模式则主要以生产预测为主，ATO 模式下标准部件生产以预测为主，而成品组装则以客户订单为主，结合了两种需求来源的特点。

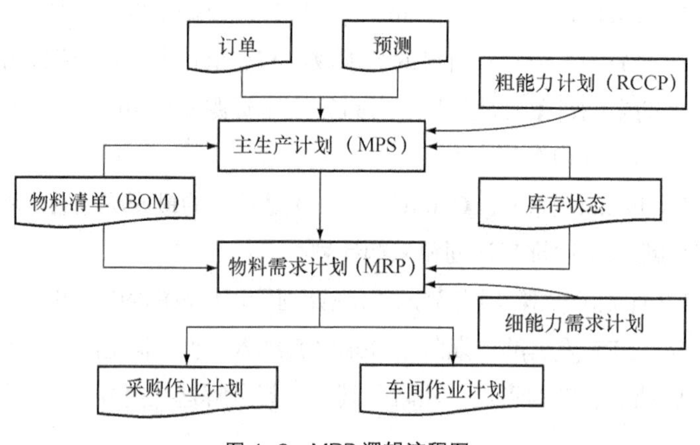

图 4-2　MRP 逻辑流程图

任务三　MPS 编制

一、计划展望期设置

任务引入

设置完工厂日历后，实施顾问胡工说："我们还需要设置计划展望期。""什么是计划展望期？"生产主管徐工问道。胡工解释说："计划展望期是计划管理中的基本概念，用来说明安排计划的时间跨度，设定计划展望期的目的是为了控制产品生产的全过程，提高计划的预见性。"

"那么计划展望期该设置多长呢？"徐工马上问道。"这个没有绝对标准，但是一般计划展望期要覆盖产品的生产周期，这样的计划才能预见完整生产过程中的各种情况。如果不同产品有不同的生产周期，那么就以其中较长的生产周期为基准设置，留有一定余量。"徐工提问说："我们公司产品生产周期从 3 周至 8 周不等，那么计划展望期设置多长时间呢？""根据贵公司情况，设置 10 周左右就可以了。"胡工答道。

操作步骤

> **操作一点通**
> 
> 展望期起始日期不能早于系统当前日期。
> 展望期时间扣除了工厂日历里的非工作日。

在【计划管理】→【主生产计划】→【系统设置】→【计划展望期维护】中设置。

在第一行中设置时区个数为 10，各时区天数为 5，保存并退出。只设置一行数据即可。

相关知识

计划展望期的概念。计划展望期决定参与计划计算的销售订单和预测单的范围。本案例中，假设在 2014 年 9 月 29 日开始进行主生产计划，那么截止 2014 年 12 月 5 日。这 10 周（50 个工作日）之间需要交货的销售订单和预测单会纳入本次计划范围（以交货日期为准），而更远期的销售订单和预测单则暂不处理，待以后再纳入计划。

二、提前期设置

任务引入

胡工告诉计划员陈东明说："除了生产日历设置外，我们还需要考虑一个时间要素——提前期"。陈东明问道："提前期是不是某一工作的工作时间周期，即从工作开始到工作结束的时间？""是的，一项工作往往需要一段时间才能完成，如果需要安排该工作的计划，就需要根据完成时间提前准备，这就是提前期（Lead Time，LT）。如果知道提前期和交付日期，我们就可以推算开始时间，公式是开始时间=完成日期–提前期。"

"提前期好理解，但是这个数据从哪里得到呢？"陈东明继续提问。"这个问题问得好，这要看提前期的应用领域：在采购中，我们需要知道订货后到供应商交货的一段时间，这就是采购提前期；在生产中，我们要知道开始投料生产到产出的时间，这就是生产提前期；在销售中，我们要知道我们发货到客户收货之间的时间，这个就是销售提前期或者装运提前期。相应数据当然应该从相关部门获取了！""那我找其他部门去！"陈东明正准备转身离开。胡工赶紧叫住他："先别急，你还要知道提前期放置位置和计算公式。在 ERP 系统中，不同提前期往往放置在不同地方，以金蝶 K/3 系统为例，销售提前期放置在客户资料的运输提前期中，前面我们已经设置过了。生产提前期和采购提前期可以在物料资料中设置。当然前面我们已经在工艺路线详细设置了准备时间、加工时间等信息，本次就不考虑了。现在我们就来设置一下采购提前期，ERP 系统中提前期可以进一步划分为固定提前期和变动提前期。"

操作步骤

在【系统设置】→【基础资料】→【公共资料】→【物料】中设置。

根据采购部反馈得到的信息，供应商供应比较及时，采购物料的供应大体为 2 天到货，委外加工件供应时间为 4 天，如表 4–2 所示。

表 4–2　　物料的提前期设置实例

代码	物料名称	规格型号	固定提前期	变动提前期	变动提前期批量
外购件					
01.01.002	轴承圆钢	d10mm	2	0	1
01.01.010	钢带	5mm×50mm	2	0	1
01.01.015	钢丝	3mm	2	0	1
01.01.020	前轴花盘	16 孔	2	0	1
01.01.030	前轴碗	小档	2	0	1

续表

代码	物料名称	规格型号	固定提前期	变动提前期	变动提前期批量
01.01.060	钢珠	6mm	2	0	1
01.01.070	六角螺母	8#	2	0	1
01.01.095	辐条帽	铜质	2	0	1
01.02.102	外胎	28 英寸	2	0	1
01.02.103	外胎	24 英寸	2	0	1
01.02.202	内胎	28 英寸	2	0	1
01.02.203	内胎	24 英寸	2	0	1
委外加工件					
02.01.091	辐条	14#	4		
02.01.093	辐条	12#	4		
02.01.102	电镀车圈	28#，电镀	4		
02.01.103	电镀车圈	24#，电镀	4		
自制件					
02.01.801	前轮轴承	小档	1	0	1

备注：时间单位默认为天

操作一点通

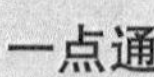

对于相同属性值的修改，可以采用批量修改模式。操作方法：选中需要批量修改的基础资料，单击工具栏中的“批改”按钮，找到需要修改的属性，输入属性值，单击“确认”按钮进行批量修改。

相关知识

1. 固定提前期

固定提前期指生产/采购等环节不受批量影响必须花费的时间，主要包括产品设计、生产准备和设备调整、工艺准备等必须用到的时间。

2. 变动提前期和变动提前期批量

变动提前期和变动提前期批量指生产/采购等环节受到需求批量影响的提前期部分，随着批量的大小，时间也同向变动。

变动提前期批量是和变动提前期联合使用的一个参数，表示在每个变动提前期中能提供的物料数量。

3. 总提前期

总提前期＝固定提前期＋向上取整[总量/变动提前期批量]×变动提前期

例：A 产品生产的固定提前期为 2 天，每生产 100 个需要 1 天，现有顾客定购 1 050 个，需要提前多少天开工生产。

总提前期＝2＋[1 050/100]×1=13 天

三、MPS 的方案设置

任务引入

在进行具体计划前，生产主管徐工向胡工介绍企业生产管理的基本情况：创世公司生产的产品是自行车的常用零部件，主要是为品牌自行车企业进行生产配套。由于自行车零部件类型众多，规格型号多样，大部分零部件都是为厂商定制生产。为减少成品库存的风险，主要采用 MTO 生产组织方式，接到订单才能安排生产。因此尽量少的保留产成品、半成品和原材料库存。根据徐工的介绍，实施顾问胡工制订了如下的 MPS 计划方案。

操作步骤

在【计划管理】→【主生产计划】→【系统设置】→【MPS 计划方案维护】中新增一个计划方案。运算参数设置如下。

需求参数

方案编码：MYMPS（名称自定义）

方案描述：按订单生产，尽量减少成品库存，合理配备原料库存。

计划计算范围：全部计划对象。

需求来源：销售订单。

计算参数

勾选“考虑损耗率”、“考虑成品率”、“考虑预计入库数量和已分配数量”、“净需求考虑订货策略和批量调整”、“考虑现有库存”、“考虑安全库存”、“库存需求独立产生计划”。

投放参数

“采购申请人默认值”为陈东明；

“采购部门默认值”为采购部；

“自制件默认生产类型”为“普通订单”；

“自制件默认生产部门”为“装配车间”。

仓库参数

只勾选“原材料仓”、“半成品仓”、“产成品仓”为“本次计算 MPS/MRP 可用仓”。

保存该方案。

提问　设置完计算参数页的参数后，MPS 计算公式是什么？

操作一点通

已经保存的 MPS 方案处于锁定状态，不能进行编辑修改。如果要修改，先单击“修改”按钮，才能更改方案的内容。

本案例主要演示 MTO 模式，根据销售订单安排生产计划，关于销售预测的生产计划安排请参考帮助文档。

相关知识

1．“计划计算范围”参数设定原则

（1）全部计划对象。所有设定了计划策略为主生产计划（MPS）的物料，这些物料对应的所有销售订单或产品预测均参加计算。

（2）指定需求单据。选中此参数，可以选择指定销售订单或者指定预测单进行计算。计算时只将指定范围内的销售订单或者预测单作为需求来源。

（3）指定物料。选中此参数，对指定范围内的物料进行全重排计算，提高 MPS 的计算效率。有三个细节参数。

（4）指定计划员。选中此参数，只对指定的计划员所负责的物料进行全重排计算，计算说明可参考指定物料（本级计算）。

说明　进行 MPS 时一般选择“全部计划对象”，这样计划可以全面考虑企业订单、库存变动等情况进行合理安排。而“指定需求单据”、“指定物料”、“指定计划员”可以缩小计划范围，减少服务器计算量。但是，如果存在公用物料的情况，要结合锁单、锁库操作才可能得出正确结果，否则可能出现库存数或预计量多次重复分配。

本案例中都采用“全部计划对象”进行计划。

2．“需求来源”参数设定原则

（1）销售订单。面向订单生产（MTO）模式下需要根据销售订单来排计划，选择该参数，将以销售订单作为独立需求来源进行排产，以销售量作为毛需求，如表 4-3 所示。

表 4-3　根据销售订单计算毛需求实例

X 产品	当期	2/3	2/4	2/5	2/6	2/7	2/8	2/9	2/10	2/11	2/12
销售量		12	8		2	7	6		13	5	12
毛需求		12	8		2	7	6		13	5	12

（2）产品预测。面向库存生产（MTS）模式下一般只根据生产规划（即销售预测）来安排生产，只要在预测单录入产品的预测量，再根据预测单执行计划即可得到产品或者相应物料的计划。毛需求以销售预测量为主，如表 4-4 所示。

表 4-4　根据销售订单预测计算毛需求实例

X 产品	当期	2/3	2/4	2/5	2/6	2/7	2/8	2/9	2/10	2/11	2/12
预测量		5	5	5	5	5	5	5	5	5	5
毛需求		5	5	5	5	5	5	5	5	5	5

（3）销售订单和产品预测。某些企业或者某些业务需求下（ATO 生产模式下比较常见），企业产品对于原材料和半成品常常要提前备货，需要根据销售预测备足材料库存，但是成品需要满足客户个性化配置要求，按客户订单及时将半成品组装为成品，因此需要计划员同时考虑销售订单加预测单作为需求来源。

（4）是否考虑需求时界和计划时界。当需求来源为销售订单和产品预测时，在需求时界内以销售订单为需求来源，在需求时界外到计划时界内以销售订单与产品预测单中数据大的单据作为需求来源，在计划时界外以产品预测量作为需求来源。

例如，×产品的主生产计划需求时界为3，计划时界为8，如表4–5所示。

表4–5　考虑需求时界和计划时界的毛需求计算实例

×产品	当期	2/3	2/4	2/5	2/6	2/7	2/8	2/9	2/10	2/11	2/12
销售量		12	8		2	7	6		13	5	12
预测量		5	5	5	5	5	5	5	5	5	5
毛需求		12	8	0	5	7	6	5	13	5	5

（5）需求考虑未审核的销售订单。选中此参数，把处于计划状态的销售订单作为需求来源。

（6）需求考虑未审核的产品预测。选中此参数，把处于计划状态的产品预测单作为需求来源。

四、销售接单

任务引入

最近公司新签3张销售订单。

国内市场部万明于2014年10月10号和顺德天宇自行车厂签订订单，销售前车轮（24英寸）120个，不含税价50元，前车轮（28英寸）90个，不含税价60元，增值税税率17%，交货日期为2014年10月30日，送货上门，运费客户承担。

国内市场部万明于2014年10月15号和成都益海自行车行签订订单，销售前车轮（24英寸）50个，不含税价50元，前车轮（28英寸）20个，不含税价60元，增值税税率17%，交货日期为2014年10月29日，委托物流公司托运发货。

国内市场部万明于2014年10月20号和吉林大众自行车有限公司签订订单，销售前车轮（28英寸）70个，不含税价60元，增值税税率17%，交货日期为2015年6月30日，委托物流公司托运发货。

操作步骤

选择【供应链】→【销售管理】→【销售订单】→【销售订单—新增】，进入销售订单新增窗口。填制单据内容，保存后审核销售订单。

录入完成的销售订单，可以在【供应链】→【销售管理】→【销售订单】→【销售订单–维护】中查看。在弹出的【条件过滤】窗口中，不要设置任何具体条件，并将下面“时间”、“审核标记”、“作废标记”、“关闭标记”的对应数据设置为“全部”，再单击“确认”按钮，就可以进入销售订单列表界面。查询出所有录入过的销售订单。在列表界面中可以对单据进行相关操作。

操作一点通

销售订单录入时，客户、物料等字段一般可以自动弹出下拉列表供用户选择，如果没有正常弹出，可以按“F7”快捷键，调出资料界面进行选择，或者单击工具栏中的“查看”按钮查看对应资料。

相关知识

1. 什么状态销售订单/产品预测会纳入 MPS

一般情况下，必须审核的销售订单才能被 MPS/MRP 纳入计划排产。对于确定的销售订单一定要审核，否则后续 MPS 不会纳入计算范围。出于稳健性考虑，大多数企业都会选择这种方式。

有一种特殊情况会把未审核的单据纳入计划，就是 MPS 方案中选中了参数“需求考虑未审核的销售订单”，或者“需求考虑未审核的产品预测”。

2. 销售订单/产品预测单中影响 MPS 的关键信息

销售订单中的客户、物料信息、价格、销售数量、销售交货时间是主生产计划（MPS）排产依据的关键字段，务必保证其准确性。其他销售订单的详细功能介绍参看本书项目十一销售管理的内容。

五、MPS 计算排产

任务引入

生产主管徐工询问胡工：“主生产计划（MPS）和我们以往手工排定的季度、月度计划有什么不同？”“有很大的不同，MPS 一般不安排所有物料的需求计划，而只聚焦于核心物料，也就是企业的产成品和部分核心零部件，其他物料在 MPS 阶段不进行详细计划排产，要到 MRP 阶段才进行详细计划。另外使用 MPS 排产的时间相对灵活，可长可短，可以根据自己的需要灵活掌握。”胡工回答道。“那时间长短如何掌握？”徐工追问道。“一般订单相对稳定，生产均衡的企业可以将计划周期设置长一点；而市场变化快，生产插单情况较多的企业可以将计划周期设置短一些，甚至遇到特殊紧急插单的时候，可以临时进行 MPS 重排。ERP 系统的优势就是计算能力强，重新排产也花费不了太长时间。”“那就太好了，以往手工排产，我们最怕计划调整和插单了，重排计划就要加班了！”徐工高兴地说。

操作步骤

1. BOM 预检查

MPS 前可以进行 BOM 检查，在【计划管理】→【生产数据管理】→【BOM 维护】→【BOM 合法性检查】中进行。

检查范围：所有 BOM 单，分别进行“BOM 单嵌套检查”和“BOM 完整性检查”，检查 BOM 数据的正确性。相关操作参考项目三中的任务二相关内容，如果发现错误请修改 BOM 数据。

第一次运行时可以进行低位码维护，在【计划管理】→【生产数据管理】→【BOM 维护】→【低位码维护】中进行。

BOM 检查和低位码维护工作进行一次之后，如果 BOM 未修改则不用重复。如果 BOM 进行了修改还需要重复以上步骤。

2. MPS 计算

根据本公司的情况，主要采用月度 MPS，初步商定每个月末的最后一个周一对下个月的生产情况进行计划。

（1）在【计划管理】→【主生产计划】→【MPS 计算】→【MPS 计算】中按照向导进行计算。运算日期为 2014 年 9 月 29 日（星期一）。

计算方案：MYMPS。

（2）运算完成后查询生成的计划订单。在【计划管理】→【主生产计划】→【MPS 维护】→【MPS 计划订单–维护】中查询。

提问　观察得到的结果是什么？计划的生产数量是多少？计划开工的时间、完工时间是什么时候？

观察计划订单列表界面中"BOM 编号"栏是否有数据？

（3）查询主生产计划计算过程。

在【计划管理】→【计划管理】→【MPS 查询】→【MPS 运算结果查询】中查看计算过程。

提问　为什么会得到这样的结果？

操作一点通

MPS 计划计算正确的前提条件★

A. 需要在主生产计划阶段排产的成品物料（或部分核心半成品物料），物料的"计划策略"属性必须设置为 MPS。否则计算时系统会提示"系统没有可以计算的 MPS 物料或者低位码设置错误。计算无法继续"，或者只有部分成品在 MPS 阶段被纳入计算。

出现这种错误请检查【基础资料】→【物料】中的"计划策略"属性。该属性用于指明物料以什么方式进行计划，车前轮成品是否设置为主生产计划（MPS）。

B. MPS 物料必须有完整、正确的 BOM，注意金蝶 K/3 系统中只有设置为使用状态的 BOM，才能在 MPS 计算时被调用到，因此在 MPS 计算前相应 BOM 必须保存、审核，并设置为"使用"。MPS 计算产生的计划订单上，系统会填写上成品物料相应的 BOM 编号，可以在 MPS 计划订单维护界面查看产生的 MPS 计划订单的"BOM 编号"栏是否有对应的 BOM 单号。如果没有 BOM，请检查 BOM 数据，物料对应 BOM 是否审核并使用，并重新计算 MPS。

C. 只有在计划展望期范围内的已审核销售订单和产品预测单，才会被 MPS 纳入计算，也就是说，销售订单中的交货日期和产品预测单中的预测日期都必须在 MPS 展望期内，并且单据已经审核，才会纳入 MPS 计算。

D. 合理地设置 MPS 方案。详细计划方案参数见本项目前面的相关介绍，也可参考金蝶 K/3 系统帮助文件。

已经进行过主生产计划（MPS）排产的销售订单如何进行销售订单的修改和变更？

对已经进行主生产计划（MPS）排产的销售订单，金蝶 K/3 系统已经根据原销售订单产生了相应的计划订单，有了后续单据的销售订单是无法直接进行反审核单据修改单据内容。如果企业需要对已经审核的销售订单进行变更，例如，修改交货期，更改订货数量等，可以采用"订单变更"功能对已经审核的销售订单进行修改。

销售订单变更：就是指销售订单在执行过程中，或在已经执行完毕的情况下，因销货计划变动、客户临时增加订货量，或其他原因，需要增加本次下单的订货数量，修改订货价格，或直接补货。

具体操作方法：在【供应链】→【销售管理】→【销售订单】→【销售订单—维护】中找到需要变更的销售订单，选择菜单【编辑】→【订单变更】，或者单击鼠标右键，在弹出菜单中选择“订单变更”，就可以对部分信息进行修改。

低位码（Low Level Code，LLC）是表示物料在BOM中层次的一种技术，用来保证BOM计算时的完整性。具体使用时，对于新增的BOM，需要计算一次低位码，如果BOM不修改，就可以不再计算，直到BOM更新后才需要再次计算。

相关知识

1. MPS的计算算法

（1）毛需求的计算。

- 以销售订单为准：毛需求=销售量。
- 以预测单为准：毛需求=预测量。
- 同时考虑销售订单和销售预测时。

需求时界以内：毛需求=销售量。

计划时界以外：毛需求=预测量。

需求时界和计划时界之间：毛需求=MAX（销售量，预测量）。

（2）净需求的计算。

- 净需求=毛需求-现有库存-预计入库量+已分配量+安全库存。

如果净需求>0，则安排净需求；净需求<0，则不产生净需求。

（3）计划订单量的计算。

- 计划订单量=批量调整（净需求数量）。

（4）期末库存（下一期期初库存）的计算。

- 期末库存=期初库存+预计入库量+计划订单量-毛需求-已分配量。

2. MPS计算模拟

MPS计算模拟如表4-6所示。

表4-6　　MPS计算实例

物料号：100000　　物料名称：X

提前期：1天　　需求时界：3天　　计划时界：8天

现有库存量：8　　安全库存量：5　　最小批量：10　　批量增量：10

	当期	2/3	2/4	2/5	2/6	2/7	2/8	2/9	2/10	2/11	2/12
销售量		12	8		2	7	6		13	5	12
预测量		5	5	5	5	5	5	5	5	5	5
毛需求		12	8		5	7	6	5	13	5	5
预计入库量		10				10					
已分配量			5		7						
库存量	8	6	13	13	11	14	8	13	10	5	10
净需求			12		4			2	5		5
计划订单量			20		10			10	10		10
计划下达量		20		10			10	10		10	

3. 计算 MPS 需要考虑提前期

无论是生产还是采购都需要一定的时间，我们称为提前期。提前期是指某一工作的时间周期，即从工作开始到工作结束的时间。

金蝶 K/3 ERP 系统中不同的提前期放置在不同的资料位置上。销售发货的运输提前期在“客户”资料中设置；采购提前期在“物料”中设置；生产提前期可以在“物料”中设置（以天为单位），如果企业采用能力需求计划，生产提前期也可以在“工艺路线”中设置（以小时、分钟为单位）。

计划开工日期=计划完工日期–总提前期

在物料资料页中，我们可以进一步将提前期分为固定提前期和变动提前期。

总提前期=固定提前期+[计划量/变动提前期批量]×变动提前期

项 目 小 结

ERP 标准计划方法将微观计划分为主生产计划（MPS）和物料需求计划（MRP）两阶段。MPS 主要完成对独立需求（实际销售或者生产预测）的计划，主要是产成品计划。独立需求和相关需求分离是 MRP 理论诞生的重要基础。

MPS 的计划算法逻辑并不复杂，但是其计算工作量较大，在计算机的辅助下，使用 MPS 时重点不是具体的计算，而是要理解 MPS 计算算法逻辑，重点掌握 MPS 方案的相关参数的管理含义，根据企业实际管理的需要，能够合理配置计算参数，并理解 MPS 所需要的关键数据（销售订单、预测单、BOM、库存量、预计量等数据）的含义和设置方式，实现成品计划的合理安排。

项目五 粗能力需求计划

项目重点

- 粗能力需求计划（RCCP）的概念
- 粗能力需求计划清单生成方式
- 粗能力需求计算和算法逻辑
- 产能调整的常用方法

任务一 粗能力需求计划概述

粗能力需求计划（Rough–cut Capacity Planning，RCCP）是对关键工作中心的能力进行运算，而产生的一种能力需求计划。主生产计划的可行性主要是通过粗能力计划进行校验。粗能力需求计划系统对 MPS 物料相关的各工作中心的标准能力进行计算和查询，并在此基础上对 MPS 物料在相关时段内的负荷和相关工作中心的能力进行计算、比较，从而可以从能力方面评估主生产计划的可行性。

主生产计划和粗能力需求计划的关系如图 5–1 所示，粗能力计划流程如图 5–2 所示。

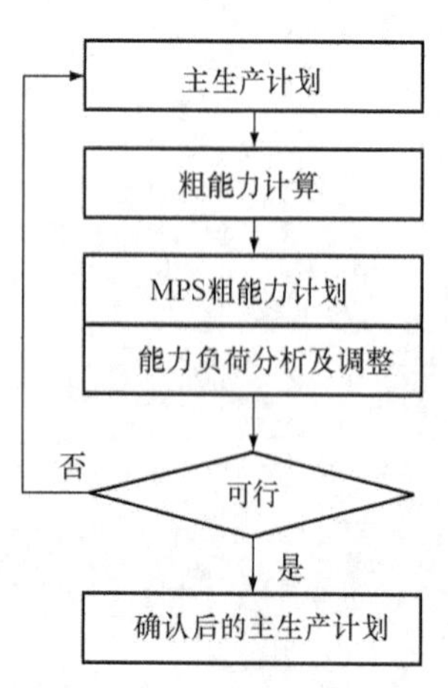

图 5–1 MPS 和 RCCP 关系图

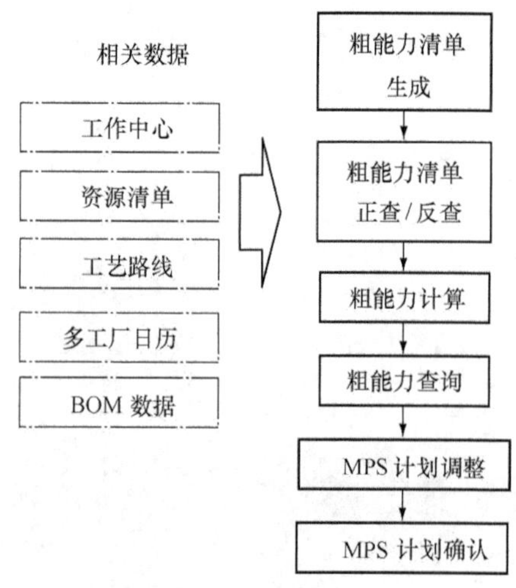

图 5–2 粗能力计划流程图

任务二 粗能力需求计划编制

一、粗能力清单生成

任务引入

计划员陈东明问胡工："为什么叫粗能力需求计划？"胡工回答道："粗能力针对的是 MPS 产生的结果，主要是产成品的生产计划，并没有考虑所有物料的生产计划。而且粗能力需求计划只对关键工作中心的工作能力和负荷进行计算，对于非关键工作中心不进行计算，粗能力就是这个意思。""这样不全面的能力计划有什么意义？"陈工追问道。"意义很大，首先，后面 MRP 计算的半成品和原料的需求计划都是根据 MPS 的结果做出的，如果 MPS 从源头上能够减少产能不匹配问题，对后续 MRP 的可行性有很大帮助；其次，粗能力计划只考虑关键工作中心，往往能够抓住企业瓶颈工序，解决好瓶颈工序的问题，问题就解决一大半了"。陈东明又问道："进行粗能力需求计划为什么要产生粗能力清单呢？"胡工答道："粗能力清单是把 MPS 物料在关键工作中心上的标准工作负荷统计出来作为基础，再根据实际产量计算工作负荷就方便了，其生成的速度非常快，因此被广泛采用。"

操作步骤

（1）确保已经正确准备了 MPS 物料的 BOM 数据、工艺路线数据、工作中心数据。

（2）选择【计划管理】→【粗能力需求计划】→【粗能力清单】→【粗能力清单生成】，计算生成粗能力清单。

（3）选择【计划管理】→【粗能力需求计划】→【粗能力清单】→【粗能力清单正查】，查询 MPS 物料"车前轮 28 英寸，车前轮 24 英寸"是否正确产生了粗能力清单，如表 5–1 所示。

表 5–1 关键工作中心粗能力清单计算结果

工作中心			偏置期（天）	
代码	名称	工时（小时）	–1 天	0 天
10	组装中心	准备时间	0	0
		加工时间	0.05	0.1

操作一点通

如果没有数据或者数据异常，请检查工艺路线、工作中心、BOM 等数据是否设置正确。

粗能力清单时间轴可以按照"日，周，月"显示，可以选择菜单【设置】→【显示周期】，切换显示时间模式。

相关知识

1. 分时间周期资源清单法

金蝶 K/3 系统采用的是分时间周期资源清单法。从结果我们可以理解该方法的计算逻辑，粗能力清单的数据主要来源于工艺路线和物料的提前期设置，如图 5–3 所示。

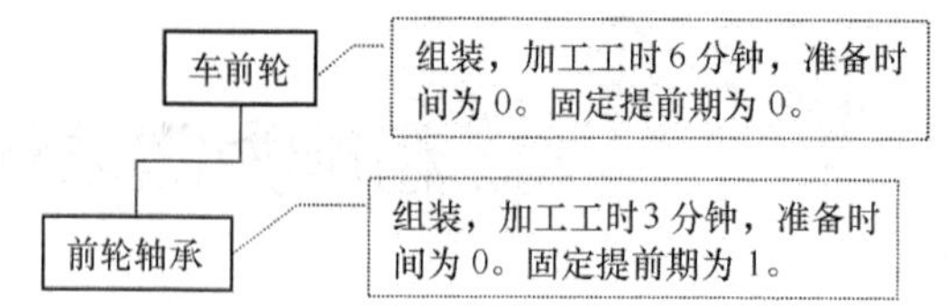

图 5-3　车轮在关键工作中心加工过程和粗能力清单对照示意图

2. 粗能力清单计算正确的前提条件

（1）MPS 物料要有使用状态完整 BOM 数据（包含下级物料）。

（2）MPS 物料要有设置好的工艺路线，有合理的准备时间和加工时间设置。

（3）MPS 物料的工艺路线或其下级物料加工工艺中，必须经过至少 1 个关键工作中心。

（4）要准确定义关键工作中心，非关键工作中心不在粗能力阶段考虑。

二、粗能力计算和结果查询

任务引入

计划员陈东明问胡工："粗能力清单已经产生了，我们是否可以计算粗能力计划？"，胡工回答道："当然可以，有了粗能力清单，粗能力计划就简单了。我们只需要把每个需要生产的 MPS 物料数量和它的粗能力清单的标准工时相乘再求和就可以了。计算速度是很快的，这个就让 ERP 系统来计算吧。"

操作步骤

（1）选择【计划管理】→【粗能力需求计划】→【粗能力计算】→【粗能力计算】，计算时间范围和 MPS 计划时间范围一致。计划订单状态勾选"计划"和"审核"，任务单状态勾选"计划"、"确认"和"下达"。

（2）选择【计划管理】→【粗能力需求计划】→【粗能力查询】→【粗能力查询】，查询粗能力计算结果。查询时间范围和计算时间范围一致，显示周期为"日"。

（3）在粗能力查询界面中，双击任何一条关键工作中心，都可以打开"粗能力查询明细表"，可以查看该工作中心每日的工作负荷。

> **操作一点通**　在粗能力查询界面中，还可以单击工具栏中的"图表"，查看工作负荷柱状图。

相关知识

1. 粗能力计划能力计算方法

粗能力计划的负荷只计算关键工作中心的能力和负荷，金蝶 K/3 系统在【基础资料】→【工作中心】中设置了"是否为关键工作中心"。

能力计算方法如下。

$$利用率=实际工作时间/可用小时\times100\%$$

例如，某工作中心一周有 120 小时可用，但是实际生产时间是 90 小时，那么它的利用率为 75%。

效率=实际输出/标准输出×100%

如果效率提升，一个工作中心每周 100 小时生产出来 110 个小时的产品，那么它的效率为 110%。

总能力（额定能力）=班制的工作小时数×设备数量×效率×利用率（设备数量、效率和利用率数据来源于资源清单，班制的工作小时数来源于工作中心）

举例：一工作中心有 3 个机器，且每周工作 5 天，每天 8 个小时。假设它的利用率是 75%，效率是 110%，那么周额定生产能力=3×8×5×75%×110%=99。

2. 粗能力计划负荷计算方法

粗能力计划的负荷是粗能力清单乘以 MPS 订单的生产量获得的。计划生产任务的负荷=准备时间+加工时间×数量，同时考虑偏置期，将加工负荷分配到工作日历上。例如，本案例“车前轮（28 英寸）”90 个加工的时间计算如图 5-4 所示。

工作中心			偏置期（天）	
代码	名称	工时（小时）	-1 天	0 天
10	组装中心	准备时间	0	0
		加工时间	0.05	0.1

×90

物料	计划数量	10.23	10.24
车前轮（28）	90		9
车前轮（28）	90	4.5	

图 5-4　基于粗能力清单的粗能力计算示意图

三、MPS 订单的调整和审核

任务引入

完成了 MPS，并计算粗能力计划后，计划员陈东明发现，MPS 计算出来的计划订单生产任务时间比较集中。考虑到企业生产能力，根据他的经验，如果按照这个计划执行，需要安排加班。对于这个问题他请教胡工。胡工解释道：“MPS 安排的生产进度是根据销售订单和预测单的交货日期，同时考虑总提前期，计算得到的。运算逻辑并不考虑多种产品同时生产的产能平衡问题。要实现对产成品的初步产能平衡，需要使用粗能力计划。在没有使用粗能力的时候，也可以根据计划经验对 MPS 订单进行调整。”

操作步骤

（1）在【计划管理】→【粗能力需求计划】→【粗能力查询】→【粗能力查询】中双击进入“组装加工”工作中心的粗能力明细表，如表 5-2 所示。

我们可以观察到：组装加工中心每天工作 8 小时，有 2 条生产线，每天正常工作能力为 16 小时。

该企业“车前轮”每个组装需要 6 分钟，根据 MPS 产生的计划订单计算下来 10 月 24 日生产量超过生产线生产能力，需要加班才能完成，而 10 月 23 日生产能力还有富余。因此可以通过调整生产计划来平衡产能。

表 5-2　　组装加工中心的粗能力计算查询结果

物料	规格型号	数量	计划开工日期	计划完工日期		10.20	10.21	10.22	10.23	10.24	
					日能力	16	16	16	16	16	…
					日负荷			1.5	13.5	21	…
车前轮	28 英寸	90	10-24	10-24	4.5				4.5		…
车前轮	28 英寸	90	10-24	10-24	9					9	
车前轮	24 英寸	30	10-23	10-23	1.5			1.5			…
车前轮	24 英寸	30	10-23	10-23					3		
车前轮	24 英寸	120	10-24	10-24	6				6		…
车前轮	24 英寸	120	10-24	10-24	12					12	

（2）具体调整方法。在【计划管理】→【主生产计划】→【MPS 维护】→【MPS 计划订单→维护】中，将车前轮（24 英寸）120 个的生产任务调整为 2014 年 10 月 23 日开工，2014 年 10 月 23 日完工。

（3）在【计划管理】→【粗能力需求计划】→【粗能力查询】→【粗能力查询】菜单中单击“计算”按钮，重新计算粗能力需求计划，再次查看生产负荷的分布状况，如表 5-3 所示。

表 5-3　　调整后的组装加工中心的粗能力计算查询结果

物料	规格型号	数量	计划开工日期	计划完工日期		10.20	10.21	10.22	10.23	10.24	
					日能力	16	16	16	16	16	…
					日负荷				19.5	9	…
车前轮	28 英寸	90	10-24	10-24	4.5				4.5		…
车前轮	28 英寸	90	10-24	10-24	9					9	
车前轮	24 英寸	150	10-23	10-23	7.5			7.5			…
车前轮	24 英寸	150	10-23	10-23	15				15		

从调整后的计划可以看出，车前轮（28 英寸）90 个加工（时间 9 小时）和车前轮（24 英寸）150 个加工的 15 小时已经不在同一天加工，MPS 得到初步平衡。

虽然 10 月 23 日还有能力超负荷的情况，但是 4.5 小时车前轮（28 英寸）的加工时间是半成品前轮轴承（小档）90 个在组装线上的加工时间，该计划可以在后期 MRP 和细能力计划中进一步调整。在此不再调整。

（4）确认 MPS 计划订单。在【计划管理】→【主生产计划】→【MPS 维护】→【MPS 计划订单→维护】中审核所有的 MPS 计划订单。当所有 MPS 物料的计划订单得到审核后，MPS 工作结束，进行后续 MRP 的排产工作。

操作一点通

注意：只有审核过的 MPS 计划订单才能被物料需求计划 MRP 作为详细物料需求计划排产的依据，因此请务必审核所有 MPS 计划订单。

粗能力明细表的长度受计划时间范围影响，一般表格很长。可以通过菜单【查看】→【设置冻结列数】工具将表格左边头部栏目锁定，方便横向移动时查看数据。

提问　　遇到工作超负荷时调整计划订单的开工/完工时间，一般能否向后调整？为什么？

相关知识

负荷超过能力时（产能平衡）常用的调整方法如下。

（1）调整生产计划。通过改变计划的时间安排，充分利用产能是不额外增加成本优化的好办法。

（2）调整工作中心/资源的能力。通过增加资源（设备、人员）等，解决产能不够的问题。需要在ERP系统中增加资源清单。

（3）加班完成。通过延长工作时间完成工作。需要在ERP系统中调整工厂日历来完成。

（4）外协加工。通过将部分加工任务改为委外加工，减少本企业工作强度来解决产能问题，但是往往需要增加额外成本。

（5）修改工艺路线。改变部分物料加工工艺路线，绕开瓶颈工作中心，用其他设备资源完成。但是，该方法受工艺制约性较大，可以在ERP系统中采用工序替代完成。

（6）延迟交货或取消订单。受限于产能，计划无法前移时，需要将计划后移，因此会影响交货期或者取消订单，需要和客户进行协商沟通。

项目小结

粗能力计划（RCCP）是ERP系统中实现生产能力平衡的重要模块，主要是对MPS的结果进行能力平衡，也就是对产成品计划进行初步的合理安排，也是计算关键工作中心的能力负荷，对关键工作中心的能力负荷进行调整。虽然考虑的范围有限，但是在MPS阶段进行产能平衡后，会大量减少MRP阶段发生的产能不平衡现象，减少优化改进的工作量，也有利于半成品和原材料更加稳定、均衡地供应，提高供应链保障的均衡性和稳定性。

金蝶K/3 ERP系统采用的粗能力计划计算方法是分时间周期资源清单法，也是很多ERP系统采用的常用方法。其是根据关键工作中心的可用工作时间计算生产能力，根据BOM、物料提前期、工艺路线计算粗能力清单，再根据MPS的产量和时间要求计算关键工作中心的实际负荷。将产能和负荷落实在时间坐标轴上，通过比对能力负荷，帮助进行负荷调整，实现产成品的初步能力平衡。

项目六 物料需求计划

项目重点

- 物料需求计划（MRP）的概念
- MRP 计划方案设置
- MRP 算法逻辑与关键参数设置

任务一 物料需求计划概述

物料需求计划（Material Requirement Planning，MRP）分为狭义和广义。广义的 MRP 是 ERP 发展的一个关键阶段，代表一种离散型制造业的企业管理的典型模式。本书项目一中的任务三有详细的描述。

本项目讲解的是狭义的 MRP，它与主生产计划（MPS）一样处于 ERP 系统计划层次的计划层，由 MPS 驱动 MRP 的运行。目前也是 ERP 系统中的一个关键功能模块。

物料需求计划（MRP）是对主生产计划的各个项目所需的全部制造件和全部采购件的网络支持计划和时间进度计划。MPS 的对象是最终产品，但产品的结构（BOM）是多层次的，一个产品可能会包含成百上千种需制造的零配件与外购材料，而且所有物料的提前期（加工时间、准备时间、采购时间等）各不相同，各零配件的投产顺序也有差别，但是加工必须均衡，才能满足 MPS 的需求。这些都是 MRP 需要解决的问题。

MRP 有 3 种主要输入：主生产计划（Master Production Schedule，MPS）、物料清单（Bill of Material，BOM）和库存状态，也常常要考虑工厂日历、工艺路线、提前期、物料属性等数据。根据这些数据计算所有物料的需求计划。

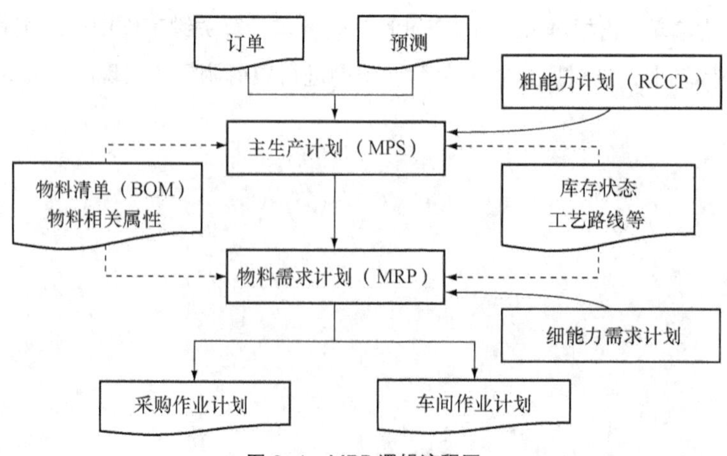

图 6-1　MRP 逻辑流程图

MRP 是一个将库存管理与生产进度计划结合为一体的计算机辅助生产管理系统。它的逻辑关系很简单，运算过程也用不着复杂的数学模型。

1. 产生主生产计划

物料需求计划为的是更有效地实施企业的主生产计划。主生产计划是“推动”物料需求计划系统运行的根源，它是 MRP 系统的实际效率与效果所依仗的主要输入。因为 MRP 要根据主生产计划中的项目逐层分解，得出各种零部件的需求量，而其他的输入信息只是为 MRP 分解主生产计划提供各种依据。从概念上说，主生产计划是全厂的生产大纲，其中不仅要反映所要生产的产品计划，也应该包括独立需求预测和外部零部件订货的需求计划。但是在实际应用中，后两项内容通常不包括在主生产计划中，而以数据文件形式直接作为 MRP 系统的单独输入文件。概括地说，编制 MRP 的第一个前提条件是需要一个主生产计划。

2. 产生物料需求计划

MRP 进一步细化了主生产计划，例如，主生产计划中的需求是：第三周生产出 20 辆自行车、第四周生产出 10 辆自行车。那么经过 MRP 进一步细化后得到的就可能是：第一周需要多少车把、车梁……第二周需要多少轮子……MRP 是根据什么进行分解的呢？如前所述，主生产计划是主要依据，除此之外还需要产品的 BOM 信息和库存文件中的各种物料的库存信息，它们为 MRP 分解主生产计划提供各种必要的依据。其中，从 BOM 中能得到有关主生产计划项目中的零部件及原材料的数量及结构关系信息，MRP 正是根据主生产计划和这种结构信息进行各种物料毛需求量的计算的；在库存文件中，包含着各种库存项目的状态数据（现有库存量、计划接收量、已分配量、提前期、订货策略……），每项库存事务处理（入库、出库、报废……）都要改变相应的库存项目的状态数据，后者又在 MRP 计算需求量的过程中被引用和修改。因此，库存事务处理报告便成为 MRP 的一种间接的输入信息。至此，引出了编制 MRP 的另两个前提条件：BOM 和库存记录文件。

3. 计划的执行

从主生产计划到 MRP 实际上是属于从粗到细的两个不同计划阶段，细计划产生之后，接下去就是计划的执行。如果某产品是需要加工的，就产生一个制造指令，并下加工单到相应的车间班组进行生产；如果是需要采购或委外加工的，就产生一个采购订单或委外加工订单。MRP 处理的问题与所需信息如表 6–1 所示。

表 6–1　MRP 处理的问题与所需信息

处理的问题	需用信息
1. 生产什么？生产多少？何时完成	1. 来源于 MPS
2. 要用到什么	2. 准确的 BOM，及时的设计变更（相关需求）
3. 已有什么？ 已定货量？到货时间？ 已分配量	3. 准确的库存信息 下达订单的数量、交付时间等跟踪信息 已被预定的物料的相关信息
4. 还缺什么？	4. 根据计算结果可知 考虑批量规则、安全库存、成品率等要素
5. 下达订单的开始日期	5. 根据提前期等时间要素和 BOM 关系计算得出

任务二 物料需求计划编制

一、MRP 方案设置

任务引入

在进行 MRP 前，仍然要设置 MRP 方案。通过 MRP 保障生产有序进行，同时对生产原料和半成品进行有效管理。由于创世公司采用 MTO 生产模式，因此希望半成品和原材料都能够在不缺货的前提下尽量保持较低库存，保证生产的需要。

操作步骤

在【计划管理】→【物料需求计划】→【系统设置】→【MRP 计划方案维护】中首先设定运算方案。

其中“需求参数”中的设置如下。

方案编码：MYMRP；

计划计算范围：主生产计划。

其中“计算参数”中的设置如下。

计算公式，勾选“考虑损耗率”、“考虑成品率”、“考虑预计入库量和已分配数量”、“净需求考虑订货策略与批量调整”、“考虑现有库存”、“考虑安全库存”。

“投放参数”中的设置如下。

“采购申请人默认值”为陈东明，

“采购部门默认值”为采购部，

“自制件默认生产类型”为“普通订单”，

“自制件默认生产部门”为“机加工车间”。

“仓库参数”中的设置如下。

只勾选“原材料仓”、“半成品仓”、“产成品仓”为“本次计算 MPS/MRP 可用仓”。

保存该方案。

相关知识

1. 哪些物料在 MRP 阶段被纳入计划

MPS 主要对产成品（物料的计划策略为 MPS 的物料）进行计划安排，而 MRP 要对生产产成品所用的半成品、原料（物料的计划策略为 MRP 的物料）进行计划。

2. MRP 和 MPS 计算逻辑的异同

MRP 和 MPS 计算逻辑基本相同，因此大部分参数的设置都相同。

主要的不同体现在：MPS/MRP 两阶段计划中。MPS 阶段计算的依据来源于销售订单和预测单（独立需求）。MRP 的计划对象一般来源于 MPS 的产成品计划结果（相关需求）。因此“计划计算范围”一般选择“主生产计划”。

3. 两阶段计划和一阶段计划

对于生产过程复杂，生产能力平衡困难的企业，一般还是建议采用 MPS/MRP 两阶段计算方法。方便计划安排和产能平衡。

对于一些生产模式简单，产品较少，生产比较稳定的企业，也可以不采用 MPS/MRP 两步计划的方式，直接进行一阶段 MRP，省略 MPS 和 RCCP 的相关步骤。此时“计划计算范围”可以选择“销售订单”或“预测单”。这种方法适合生产过程比较简单的企业。

二、MRP 初次计算

任务引入

根据设置好的计划方案，进行 MRP 的计算，安排本次生产需要使用的所有物料的需求计划。

操作步骤

1. 运算

选择【计划管理】→【物料需求计划】→【MRP 计算】→【MRP 计算】，运算日期为 2014 年 9 月 29 日（星期一）。

2. 运算完成后查询生成的计划订单

在【计划管理】→【物料需求计划】→【MRP 维护】→【MRP 计划订单—维护】中查询。

提问

观察得到的结果，回答以下问题：

1. MRP 运算结果的物料有哪些？相应数量是多少？“辐条”、“辐条帽”的数量是如何计算出来的？

2. 查询物料需求计划的结果，在【计划管理】→【物料需求计划】→【MRP 查询】→【MRP 运算结果查询】中查看计算过程。尝试单击计算表中某个非 0 数据，看看有什么结果？能够看出计算的逻辑吗？

操作一点通

在进行 MRP 计算前，必须要保证 BOM 数据的完整和准确；否则计算可能无法得到需要的结果。可以通过“BOM 嵌套检查”和“BOM 完整性检查”来辅助检查。

相关知识

物料需求计划（MRP）计算正确的前提条件。

（1）主生产计划（MPS）计算出计划订单并且计划订单已经审核未关闭。物料需求计划（MRP）计算数据来源于 MPS 计算产生的计划订单，如果 MPS 计算没有产生正确的结果，或者产生的计划订单没有审核，那么 MRP 就无法计算出正确结果。

（2）BOM 完整且正确。MRP 计算需要根据 BOM 展开计算所有原料和半成品的需求量和需求时间。BOM 中物料、用量、损耗率、成品率等关键信息需要填写正确，并且需要审核并设置为“使用”。

（3）物料相关属性的正确设置。物料相关属性是 MRP 计算时需要考虑的重要参数。例如，计划策略、固定提前期、变动提前期、变动提前期批量、最小订货量等。

（4）合理的设置 MRP 方案。详细计划方案参数见本项目前面介绍，也可参考金蝶 K/3 系统帮助文件。

三、考虑预计量和安全库存的 MRP 编制

任务引入

胡工指导计划员陈东明进行 MPS/MRP 编制时说："当进行计划时，除了了解需求量，还需要知道自己的库存量，预计量才能精确计算实际产量。"。"什么是预计量？"陈东明不解。"预计量还分为预计入库量和已分配量。举例来说：本月 7 号，A 产品目前库存有 300 个，但是其中已经有 150 个被其他客户预定，预计 10 号出货。同时 11 号企业会生产出 A 产品 120 个，那么当新客户需要在 12 号交货 400 个，那么该订单能够交货吗？""不可以，因为 300–150+120=270，没有足够库存可以提供。"陈东明盘算了一下答道。胡工点头说："回答正确。在 ERP 中，我们把 300 个库存称为'现有量'，也称为当前库存，150 个称为'预计出库量'，那 120 个是预计入库量。你计算出来的 270 个称为'预计可用库存'。预计可用库存 270–需求量 400=–130，–130 被称为'净需求'。当净需求量≥0，表示库存数量足够。当净需求量<0 时，就表示物料短缺，短缺的就是我们要生产或者补充的。ERP 是以动态的眼光看待库存，不仅看到现在，还需要看到未来的变动情况，预计量就是对未来数量变动的测量值"。陈东明问道："这个好理解，不过实际情况复杂，统计这些预计量很困难，计算量也很大呀。""这就不用担心了，MPS/MRP 模块会主动从供应链模块获得数据，进行计算。我们来试一下吧！"胡工说。

操作步骤

1. 录入一张供应链系统单据

依次选择【供应链】→【采购管理】→【采购订单】→【采购订单–维护】，进入采购订单维护列表，单击"新增"按钮新增以下单据。

录入一张采购订单：2014 年 9 月 10 日采购员崔小燕向达利橡胶制品厂采购外胎（28 英寸）30 个，协商采购价格为 30 元（不含税价），内胎（28 英寸）20 个，价格 25 元，约定交货时间为 2014 年 10 月 14 日，保存并审核单据。

2. 修改安全库存设置

依次选择【系统设置】→【基础资料】→【公共资料】→【物料】，进入设置界面，在基础资料页中，修改以下参数，如表 6–2 所示。

表 6–2　物料的安全库存和最高库存属性设置实例

物料编码	物料	规格型号	安全库存	最高库存
01.01.060	钢珠	6mm	10 000	200 000
01.01.095	辐条帽	铜质	10 000	200 000
01.02.102	外胎	28 英寸	10	1 000
01.02.202	内胎	28 英寸	10	1 000

3. 重新进行 MRP 计算

然后在【计划管理】→【物料需求计划】→【MRP 计算】→【MRP 计算】中重新进行 MRP 计算，计算时间为 2014 年 9 月 29 日（星期一）。

在【计划管理】→【物料需求计划】→【MRP 维护】→【MRP 计划订单→维护】中查询计算得到的结果。在【计划管理】→【物料需求计划】→【MRP 查询】→【MRP 运算结果查询】中查看计算过程。

提问

1. 计划采购的外胎（28 英寸），内胎（28 英寸）生产数量是多少？与前次计算有何不同？
2. 计划采购的辐条帽，钢珠生产数量是多少？与前次计算有何不同？
3. 在【计划管理】→【物料需求计划】→【MRP 查询】→【MRP 运算结果查询】中查看外胎（28 英寸）运算结果（注意查询条件），单击表格中数字 30，可以看到什么？

操作一点通

采购订单的详细用法请参考项目八采购管理中任务二里的标准采购流程。

相关知识

1. 预计量的概念

预计量是对未来库存变动的预估值，分为预计入库量和已分配量，分别代表未来预计入库和预计出库的量。体现动态库存的观点。ERP 系统中会从物流运作的各个环节中采集数据计算预计量。

2. 安全库存的概念

安全库存（Safety Stock，SS）也称安全存储量，又称保险库存，是指为了防止不确定性因素（如大量突发性订货、交货期突然延期、临时用量增加、交货误期等特殊原因）而预计的保险储备量（缓冲库存）。安全库存用于满足提前期需求。

四、考虑生产批量调整

任务引入

看了刚才的 MRP 运算结果，计划员陈东明询问胡工："MRP 计算确实实用，把每一种物料未来某时刻的使用量、需求量都计算得非常清楚，我们可以按照这个进行生产或者采购。但是有个问题，有些材料我们不能按照需要多少就生产多少的办法来安排计划，因为有些加工设备开启成本很高。如果开启后加工量太少就是不经济的；而且在车间物料转移过程中，我们也往往会按照一个固定批量节奏生产，以方便管理和安排资源。能否在计划的时候充分考虑这个因素呢？"

"可以通过配置参数来实现，采用批对批策略时，默认会按照需要多少生产多少的策略来安排计划，但是我们可以调整订货参数来对净需求量进行批量调整和优化。"胡工答道。

操作步骤

（1）检查 MRP 方案——MYMRP 的计算参数中是否勾选了“净需求考虑订货策略与批量调整”这个参数。

（2）调整物料的订货量相关资料。依次选择【系统设置】→【基础资料】→【公共资料】→【物料】，进入设置界面，如表 6-3 所示。

表 6-3　　生产物料的生产批量设置实例

基本资料页			计划资料页				
代码	名称	规格型号	计划策略	订货策略	最小订货量	最大订货量	批量增量
02.01.002	前轴棍	150mm	MRP	批对批	100	10 000	100
02.01.091	辐条	12#	MRP	批对批	5 000	20 000	1 000
02.01.093	辐条	14#	MRP	批对批	5 000	20 000	1 000

以上参数的含义：以辐条（14#）为例，委外加工的最小加工批量是 5 000 个，超过 5 000 个按照 1 000 的整数倍递增。

（3）重新进行 MRP 运算。选择【计划管理】→【物料需求计划】→【MRP 计算】→【MRP 计算】，运算日期为 2014 年 9 月 29 日（星期一）。

（4）运算完成后查询生成的计划订单。在【计划管理】→【物料需求计划】→【MRP 维护】→【MRP 计划订单—维护】中查询计划订单结果。

（5）在【计划管理】→【物料需求计划】→【MRP 查询】→【MRP 运算结果查询】中查看以上 3 个物料的计算过程。

提问　　观察得到的结果，回答以下问题：

1. 前轴棍、辐条物料运算结果是什么？和前次计算的结果有什么不同？
2. 钢丝、轴承圆钢物料运算结果是什么？和前次计算的结果有什么不同？

相关知识

最小订货量、最大订货量、批量增量的用法。这 3 个参数不仅适用于采购环节，也可用于生产环节。

批量调整订货量=最小订货量+向上取整[（净需求量–最小订货量）/批量增量]×批量增量

五、采购物料的固定批量订货策略

任务引入

采用了批量调整策略，确实达到控制批量的效果，陈东明问：“既然生产批量可以这样调整，那么采购批量是否也可以采用这种方法处理？有一类物料，如钢丝、钢带等，生产使用时是按照长度领用。但是采购的时候是整卷采购。钢丝和钢带都是 300m/卷，如果按照刚才计算结果采购，采购部门肯定会有意见，能否在做 MRP 时同时考虑这个问题呢？还有一类物料，如钢珠、六角螺母是低值易耗品，典型的C类物料，采购包装是袋，每袋就有5 000个，而且由于价值很低，为了减少采购成本，我们一般都会一次订购4袋以上，以减少订货次数，节约物流成本。”

胡工回答：“当然可以，我们可以用上次的方法来处理，除了采用批对批的策略外，我们还有另外一种办法，采用固定批量。我们分别用两种办法来试一下吧。”

操作步骤

（1）检查MRP方案——MYMRP的计算参数中是否勾选了“净需求考虑订货策略与批量调整”这个参数。

（2）调整物料的订货量相关资料。依次选择【系统设置】→【基础资料】→【公共资料】→【物料】，进入设置界面，如表6–4和表6–5所示。

表6–4　　采购物料的一般采购批量策略设置实例

基本资料页			计划资料页				
代码	名称	规格型号	计划策略	订货策略	最小订货量	最大订货量	批量增量
01.01.002	轴承圆钢	直径10mm	MRP	批对批	50	10 000	5
01.01.060	钢珠	6mm	MRP	批对批	20 000	80 000	5 000
01.01.070	六角螺母	8#	MRP	批对批	20 000	80 000	5 000
01.01.095	辐条帽	铜质	MRP	批对批	20 000	80 000	5 000

表6–5　　采购物料的固定批量策略设置实例

基本资料页			计划资料页			
代码	名称	规格型号	计划策略	订货策略	最大订货量	固定/经济批量
01.01.010	钢带	5mm×50mm	MRP	固定批量	10 000	300
01.01.015	钢丝	3mm	MRP	固定批量	10 000	300

（3）重新进行MRP运算。选择

【计划管理】→【物料需求计划】→【MRP计算】→【MRP计算】，运算日期为2014年9月29日（星期一）。

（4）运算完成后查询生成的计划订单，在【计划管理】→【物料需求计划】→【MRP维护】→【MRP计划订单—维护】中查询计划订单结果。

（5）在【计划管理】→【物料需求计划】→【MRP查询】→【MRP运算结果查询】中查看以上6个物料的计算过程。

提问　观察得到的结果，回答以下问题：
钢丝钢带物料运算结果是什么？和前次计算的结果有什么不同？

相关知识

固定批量（FOQ）订货策略。采用固定批量订货策略，订货量只能是固定/经济批量的整数倍。固定批量策略也可以看作是将最小订货量和批量增量设置为固定值的批对批策略。

六、采购物料的定期订货策略

任务引入

陈东明问：“从计算结果看，因为源头的销售订单的不同，相同的原料往往要分多笔生产和采购，生产任务细分一般没有问题，但是采购环节如果分多次会增加采购成本；而且我们企业对于很多原料会采用每周订货一次的模式，将本周需要采购的相同物料安排到本周某个固定时间进行采购，安排计划能否解决这个问题？”

胡工回答：“对于这个问题有两种解决办法，一种是在计划阶段不考虑这个问题，由采购部门在具体采购时，根据订单交付的远近程度自行决定哪些物料合并采购；还有一种方式可以采用定期订货法解决，就是将同一个周期内的相同采购物料合并到一起采购，这个比较符合你们的要求。”

操作步骤

（1）调整物料的订货量相关资料。依次选择【系统设置】→【基础资料】→【公共资料】→【物料】，进入设置界面，如表6–6所示。

表6–6　采购物料的定期订货策略设置实例

基本资料页			计划资料页		
代码	名称	规格型号	计划策略	订货策略	订货间隔期
01.01.020	前轴花盘	16孔	MRP	期间订货量	5
01.01.030	前轴碗	16孔	MRP	期间订货量	5

（2）重新进行MRP运算。选择【计划管理】→【物料需求计划】→【MRP计算】→【MRP计算】，运算日期为2014年9月29日（星期一）。

（3）运算完成后查询生成的计划订单，在【计划管理】→【物料需求计划】→【MRP维护】→【MRP计划订单—维护】中查询计划订单结果。

（4）在【计划管理】→【物料需求计划】→【MRP查询】→【MRP运算结果查询】中查看以上2个物料的计算过程。

提问　观察得到的结果，回答以下问题：

1. 前轴花盘、前轴碗物料运算结果是什么？和前次计算的结果有什么不同？
2. 前轴花盘、前轴碗物料计划订单的订货时间是多少，源销售订单号是多少？

相关知识

1. 定期订货策略

定期订货策略会将同一个订货周期内的相同物料的订货需求合并在一起处理，减少订货量。所谓同一个周期就是在以MRP计算开始时间为准，以订货间隔期为准，划分为多个周期。本案例9月29日（星期一）安排计划，订货间隔期为5个工作日，那就是以9月29日每1周（5个工作日）为准划分计划展望期。使用该参数一般会和计划展望期的时区天数保持一致。

2. 定期订货策略产生订单合并效果

定期订货策略由于会产生订单合并的效果，合并订单会丢失源头单据的信息，不利于订单的完整跟踪，因此严格采用订单跟踪的企业不建议使用该订货策略。

七、MRP 计划订单的合并处理

任务引入

看了计算结果，计划员陈东明对胡工说："根据 MRP 计算的结果，生产车轮（24 英寸）和车轮（28 英寸）的很多共用料件都产生了独立的计划订单，例如，电镀车圈（24#）产生了 2 笔计划订单，而且加工时间相同。能否让系统把相同物料的计划订单进行适当合并来减少单据数量，减少处理工作量呢？""系统考虑了这个问题，提供了合并功能，能够达到你的要求。"胡工答道。

操作步骤

1. 合并方式 1：系统计算自动合并

（1）在【计划管理】→【物料需求计划】→【系统设置】→【MRP 计划方案维护】中修改 MYMRP 运算方案。

其中"合并参数"页中，勾选"MRP 需求合并类物料允许不同需求来源的订单进行合并"；"POQ 净需求合并合并规则"中选择"合并至周期内第一笔净需求日期"。

保存运算方案。

（2）重新进行 MRP 计算，选择【计划管理】→【物料需求计划】→【MRP 计算】→【MRP 计算】，运算日期为 2014 年 9 月 29 日（星期一）。

在【计划管理】→【物料需求计划】→【MRP 维护】→【MRP 计划订单—维护】中查询相关计算结果。

提问　计算结果有什么变化？为什么？查看源销售订单号有什么变化？

2. 合并方式 2：手工合并

对于时间不相同的计划订单合并，可以根据需要采取手工合并方式合并，选中需要合并的单据，单击工具栏中的"合并"按钮即可完成。手动合并的订单开工时间和完工时间会以被合并订单中时间较早的那张订单为准。

相关知识

1. 自动合并的适用范围

金蝶 ERP-K/3 自动合并功能只能将相同物料、相同开工、完工日期的计划订单进行合并。时间不相同的计划订单只能通过手动合并。

2. 系统自动合并的方式

（1）按照销售订单合并。选中此参数后，计划订单按销售订单合并，具体的方式有以下两种。

① 整单合并：如果来自相同销售订单的同一个物料，存在多个计划订单，将计划订单进行数量合并，时间取最早的日期。

② 分录合并：如果来自相同销售订单上同一分录的同一个物料，存在多个计划订单，将计划订单进行数量的合并，时间取最早的日期。

（2）按照预测单合并。选中此参数后，计划订单按产品预测单合并，具体的方式有以下两种。

① 整单合并：如果来自相同产品预测单的同一个物料，存在多个计划订单，将计划订单进行数量合并，时间取最早的日期。

② 分录合并：如果来自相同产品预测单上同一分录的同一个物料，存在多个计划订单，将计划订单进行数量的合并，时间取最早的日期。

（3）按照物料合并（MRP 需求合并类物料允许按不同需求来源的单据合并）。

选中此参数，对同一物料的计划订单，需求日期相同的进行合并，即按天进行合并。

此参数只针对物料主数据中"MRP 计算是否合并需求"为"是"的物料有效。

（4）POQ 净需求合并。选中此参数后，POQ 净需求合并，具体的方式有以下两种。

① 合并至周期的第一天：周期开始日期为设定的 POQ 周期开始日期，各期间的净需求合并到周期的第一天。

② 合并至周期内第一笔净需求日期：周期开始日期为第一笔净需求产生的日期，各期间的净需求合并到周期内第一笔净需求日期。

此参数只在计算参数"净需求考虑订货策略和批量调整"选中时才可维护。

3. 计划订单合并会丢失源单信息

如果允许按不同需求来源的单据合并，订单会丢失源单号，合并订单会丢失源头单据的信息，不利于订单的完整跟踪，因此严格采用订单跟踪的企业不建议使用该合并方式。

任务三 MRP 运算算法解析

1. MRP 展开逻辑

物料需求计划（MRP）依据 MPS，根据 BOM 层级展开所有物料的需求计划，根据 BOM 标准用量，考虑损耗率、成品率等要素，计算下级物料的毛需求数量（相关需求量）。根据 MPS 的完工日期，考虑 BOM 的层级关系和物料的提前期等时间要素倒排物料的开工和完工日期，如图 6-2 所示。

从图 6-2 可以看出 X 产品如何根据 BOM 层级逐级展开倒排物料需求计划。按照 MPS 的计划日程，考虑 BOM 层级和物料用量（标准用量、损耗率等因素），同时考虑库存变动、提前期等情况，逐级展开计算所有物料需求。用倒排产的方法得到详细物料需求计划 MRP。

2. 物料低位码（LLC）是 MRP 计算结束的依据

低位码记录了任一物料在 BOM 中的最低层级。同一物料可能在不同 BOM 中处于不同层级，对于某一物料只有计算到该物料的最低层级，才能确定该物料所有计划都已经安排，才能对该物料的需求量进行汇总。因此低位码是某一物料在 MRP 计算中结束的依据。依据低位码（low-level code，LLC）可确保任一物料的需求汇总完整，计算物料完整的毛需求，形成基于时间坐标的需求计划。

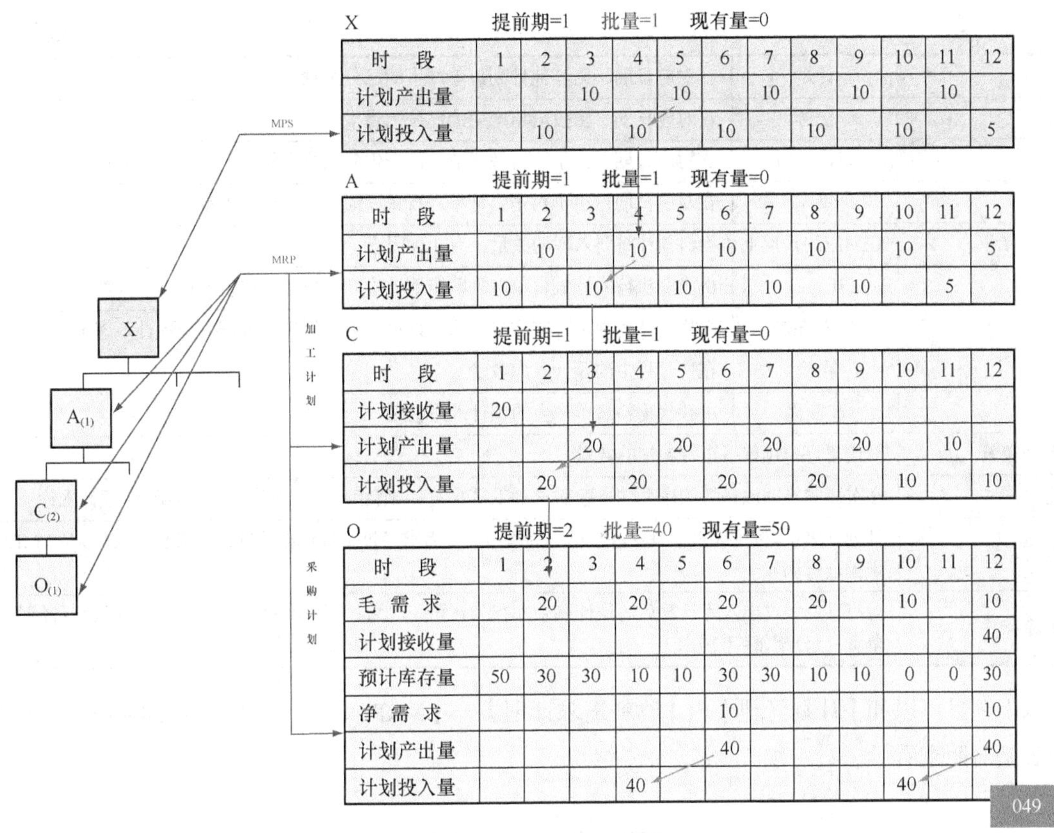

图 6-2　按照 BOM 层级展开的 MRP 计算逻辑图

3. 考虑计划时间范围内的所有库存变动情况

考虑物料的现有库存和未来库存的变动（预计入库量和已分配量）等情况，计算 MRP 物料的净需求量，并根据批量调整参数对净需求量进行调整，确定计划订单量。再计算每个时间周期的期末库存（下一周期的期初库存）。按照时间坐标先后顺序计算计划时间范围内的所有物料的需求计划。

➢ 净需求=毛需求（1–损耗率）–现有库存–预计入库量+已分配量+安全库存

如果 净需求>0 则安排净需求，

净需求<0 则不产生净需求。

➢ 计划订单量=批量调整（净需求数量/成品率）

➢ 期末库存=期初库存+预计入库量+计划订单量–毛需求–已分配量

4. MRP 算法关键数量因素，如表 6-7 所示。

表 6-7　　MRP 算法关键数量因素

毛需求	在对应的日期上对该物料的总需求量，主要考虑 3 种因素	
	预测	在对应的日期由产品预测订单产生的毛需求
	销售	在对应的日期由销售订单产生的毛需求
	相关	在对应的日期由相关上级物料产生的毛需求
已分配量	在对应的日期上该物料已经被预定使用的数量，有 5 种因素	
	拖期销售	在对应日期，由过去时间的销售订单产生的已分配量

续表

	计划	在对应日期，由其他计划订单产生的已分配量
	任务	在对应日期，由投料单产生的已分配量
	替代他料	在对应日期，由于物料替代清单而产生的已分配量
	锁库	在对应日期，由于对销售订单进行锁库而产生的已分配量
预计入库	在对应的日期上该物料预计将要入库的数量，有 4 种因素	
	计划	由没有执行的计划订单、采购申请、生产任务单等产生的预计入库数量
	在途/在制	由执行过程中由没有完成的采购订单、生产任务单等产生的预计入库数量
	在检	在检过程中的预计入库数量
	被替代	由替代物料清单产生的预计入库数量
锁单冲销量	对销售订单锁单后进行冲销的数量	
净需求	在对应的日期该物料的净需求，净需求= 毛需求（1–损耗率）–现有库存+已分配量–预计入库	
计划订单量	计划订单量=批量调整（净需求数量/成品率），净需求经过批量调整后的值，该值可以在 MPS/MRP 维护进行调整	
剩余库存	对应日期经过出入库计算后的预计剩余库存。计算公式为：剩余库存=期初库存+预计入库+计划订单量–已分配量–毛需求	

以上项目可以和【计划管理】→【物料需求计划】→【MRP 查询】→【MRP 运算结果查询】中的表格对照查看。

项 目 小 结

ERP 标准计划方法将微观计划分为主生产计划（MPS）和物料需求计划（MRP）两阶段。MRP 主要完成对相关需求（依据 BOM 结构的材料耗用）的计划，会安排所有半成品、原材料的需求计划。

MRP 的依据主要是 MPS 的结果。根据 MPS 的成品生产产量，依据成品的完整 BOM 数据，逐级展开计算所有物料的需求，并在计算的过程中考虑库存量、成品率/损耗率、预计量、批量调整等因素，计算更合理的物料需求量和需求时间。其计算方式和 MPS 非常类似。

通过本项目的学习，由易到难，层层递进，重点掌握 MRP 方案的相关参数的管理含义。学习者能够根据企业实际管理的需要，合理配置计算参数，并理解 MRP 计划所需要的关键数据（销售订单、预测单、BOM、库存量、预计量、批量等数据）的含义和设置方式，实现所有物料需求计划的合理安排。

项目七 细能力需求计划

项目重点

- 细能力计划（CRP）的概念
- 细能力计算和算法逻辑

任务一 细能力需求计划概述

能力需求计划（Capacity Requirement Planning，CRP）为了和粗能力需求计划相区别，也翻译为细能力需求计划。细能力需求计划是对生产企业在计划时段内的各工作中心，精确计算出符合的人员和设备，进行瓶颈预测，调整生产负荷，做好生产能力和生产负荷的平衡工作。细能力需求计划是用来检查物料需求计划的可行性，它根据物料需求计划、工厂现有能力进行能力模拟，同时根据各工作中心能力和负荷状况判断计划的可行性。因此，在进行细能力计划 CRP 安排时，要考虑所有物料的所有工作中心的能力与负荷，以便决定如何调整生产计划。物料需求计划与细能力需求计划的关系如图 7–1 所示。

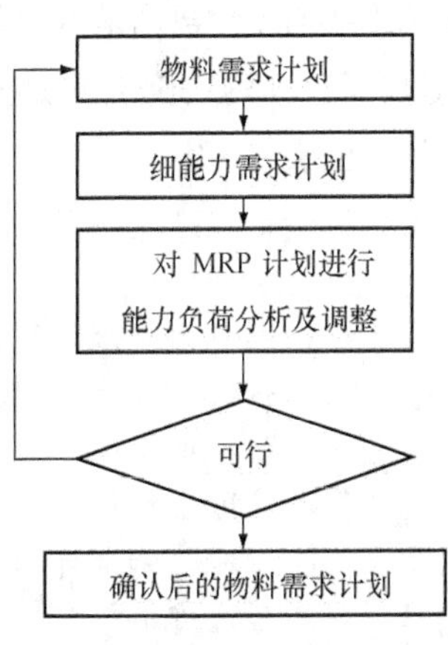

图 7–1　MRP 和 CRP 关系图

任务二 细能力需求计划编制

一、细能力计算

任务引入

计划员陈东明问胡工："细能力需求计划和粗能力需求计划有什么不同？"胡工回答道："首先，粗能力需求计划针对的是 MPS 产生的结果，细能力需求计划针对的是 MRP 产生的结果，当然实际计算时也会兼顾 MPS 已经确认的生产计划。其次，粗能力需求计划只考虑关键工作中心的能力和负荷情况，而细能力需求计划会计算企业所有工作中心的生产能力和负荷。当然细能力需求计划的计算工作量要大很多。"

操作步骤

（1）确保 MRP 已经排出生产计划，并且相关物料的 BOM 数据、工艺路线数据、工作中心数据是完整和正确的。

（2）选择【计划管理】→【细能力需求计划】→【细能力计算】→【细能力计算】，计算生成细能力需求计划。计算时间和 MPS/MRP 计算时间保持一致，开始日期为 2014 年 9 月 29 日（星期一），结束日期为 2014 年 12 月 5 日。

（3）选择【计划管理】→【细能力需求计划】→【细能力查询】→【细能力查询】，查询是否正确产生了所有工作中心的能力清单。

（4）双击其中任何一条工作中心记录，可以查看工作中心细能力需求计划明细表。

结果查询方法如下。

（1）先看细能力计划总量是否超出总产能。如果已经超过总产能，需要分析工作中心的能力数据和工艺路线的工时数据是否设置正确，是否有虚高加工时间的情况。如果生产基础数据设置正确，仍然超过产能，那必须通过增加产能、加班或延迟交货等方法调整计划，达到要求。具体调整方法参考项目五任务二内容。

（2）如果没有超过总产能，才有可能通过调整 MRP 生产计划时间安排来平衡生产负荷。

操作一点通

细能力需求计划计算正确的前提条件：①本次排产的自制物料要有对应的 BOM（使用状态）数据；②自制物料要有设置好的工艺路线。

注意细能力计划不能鉴别工艺路线是否完整，工艺路线遗漏数据会造成产能低估，影响实际生产，因此计划人员要根据经验判断工艺路线的完整性。

细能力需求计划计算的计划订单类型必须是“工序跟踪普通订单”或者“流转卡跟踪普通订单”。对于不进行工序跟踪的计划订单，不能计算能力需求计划。

相关知识

1. 有限能力计划和无限能力计划

ERP 计算能力需求计划的方式有无限能力计划和有限能力计划两种。

（1）无限能力计划：无限能力计划一般采用两个阶段计划安排，首先暂时不考虑生产能力的限制计算物料需求计划，然后对各个工作中心的能力与负荷进行计算，得出工作中心的负荷情况，对超负荷的工作中心进行负荷调整，平衡产能。现行的 ERP 大多数采用这种方式，金蝶 K/3 V13.0 就采用无限能力计划模式。

（2）有限能力计划：有限能力计划认为工作中心能力是有限的，物料需求计划安排的同时就考虑产能问题，根据物料的优先级和 BOM 关系，综合考虑工艺路线，产能等要素，将产能合理安排给优先级高的物料，MRP 计算和 CRP 计算同步完成，计算出的结果符合产能需求。APS 高级计划与排程（Advanced Planning and Scheduling）系统就是基于有限能力思想设计的生产计划方法，利用先进的信息科技及规划技术（约束理论、基因算法、作业分析等），具备同步规划能力，不但使得规划结果更具备合理性与可执行性，亦使企业能够真正达到供需平衡的目的。APS 计划对企业运营的精细化和数据的准确度要求较高，只有具有较好管理基础的企业才能较好地利用该系统。

2. 能力和负荷的计算方法

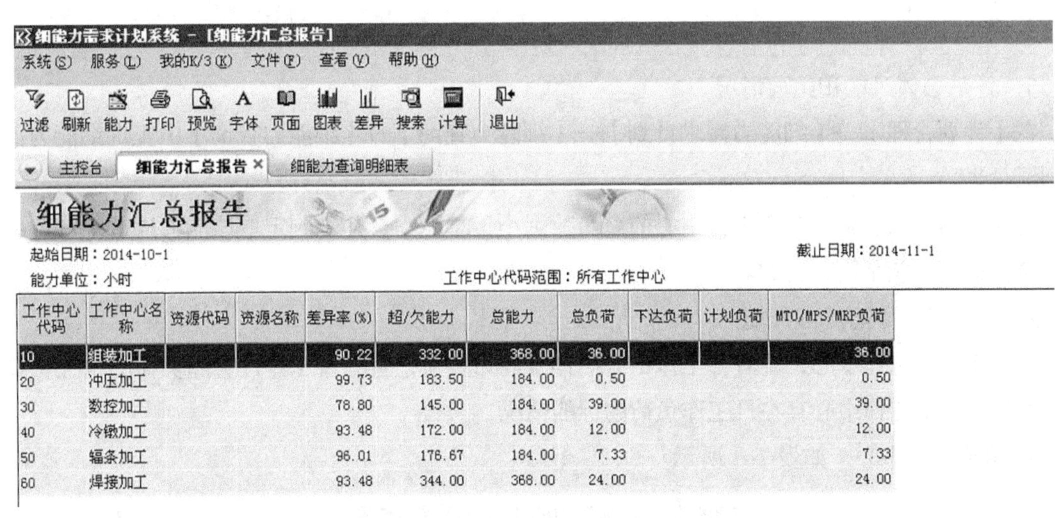

细能力汇总报告

起始日期：2014-10-1 截止日期：2014-11-1

能力单位：小时 工作中心代码范围：所有工作中心

工作中心代码	工作中心名称	资源代码	资源名称	差异率(%)	超/欠能力	总能力	总负荷	下达负荷	计划负荷	MTO/MPS/MRP负荷
10	组装加工			90.22	332.00	368.00	36.00			36.00
20	冲压加工			99.73	183.50	184.00	0.50			0.50
30	数控加工			78.80	145.00	184.00	39.00			39.00
40	冷镦加工			93.48	172.00	184.00	12.00			12.00
50	辐条加工			96.01	176.67	184.00	7.33			7.33
60	焊接加工			93.48	344.00	368.00	24.00			24.00

图 7-2 细能力计算结果示意图

（1）能力计算方法。

利用率=实际工作时间/可用小时×100%。例如，某工作中心一周有 120 小时可用，但是实际生产时间是 90 小时，那么它的利用率为 75%。

效率=实际输出/标准输出×100%。如果效率提升，一个工作中心每周 100 小时生产出来 110 个小时的产品，那么它的效率为 110%。

总能力（额定能力）=班制的工作小时数×设备数量×效率×利用率（设备数量、效率和利用率数据来源于资源清单，班制的工作小时数来源于工作中心）

举例：一工作中心有 3 个机器，且每周工作 5 天，每天 8 个小时。假设它的利用率是 75%，效率是 110%，那么周额定生产能力=3×8×5×75%×110%=99（小时）。

（2）负荷计算方法。

生产任务的负荷=准备时间+加工时间×数量（准备时间、加工时间数据来源于工艺路线，数量来源于生产任务单或者计划订单的相关物料加工量）

$$总负荷=\sum 该工作中心各生产任务负荷$$

例如，本案例数控加工中心，未电镀车圈（28#）加工量 90 个，车圈成型工艺路线中，钻孔工序（在数控中心加工）的加工时间 6 分钟/个，准备时间为 0。

$$该计划任务的负荷=0+90×0.1=9（小时）$$

该中心同时还须加工未电镀车圈（24#）150 个，加工时间为 15 小时，前轴棍 300 个，加工时间 15 小时。因此该时段内总负荷=9+15+15=39（小时）。

二、MRP 调整与能力平衡

任务引入

根据细能力需求计划的结果，调整 MRP 计划订单的时间安排，达到产能和负荷平衡，保证订单的履行和交付。

操作步骤

1. 评估总体产能和负荷情况

在【计划管理】→【细能力需求计划】→【细能力查询】→【细能力查询】中查询细能力需求计划汇总表。

首先我们可以看到，5 个工作中心的总负荷远小于总能力，初步判定应该能够通过生产计划的时间调整达到产能平衡的目的。

2. 评估工作中心详细产能

依次双击个工作中心，查看各工作中心的详细能力负荷，查看日工作任务超负荷的情况。我们可以看到有 2 个工作中心存在日工作负荷超标的情况。

➢ 组装加工中心，如表 7–1 所示。

表 7–1　　未调整的组装加工中心能力负荷明细结果

物料	规格型号	状态	数量	计划开工日期	计划完工日期		10.20	10.21	10.22	10.23	10.24	
						能力	16	16	16	16	16	…
						负荷			7.5	19.5	9	…
车前轮	28 英寸	审核	90	10–24	10–24						9	
车前轮	24 英寸	审核	30	10–23	10–23					3		
车前轮	24 英寸	审核	120	10–23	10–23					12		
前轮轴承	小档	未审核	90	10–22	10–22					4.5		
前轮轴承	小档	未审核	150	10–22	10–22				7.5			

➢ 数控加工中心，如表 7–2 所示。

表 7–2　　未调整的数控加工中心能力负荷明细结果

物料	规格型号	状态	数量	计划开工日期	计划完工日期		10.15	10.16	10.17	10.20	10.21	10.22
						能力	8	8	8	8	8	8
						负荷		15	9		10	5
未电镀车圈	28#，未电镀	未审核	90	10–17	10–17				9			
前轴棍	150mm	未审核	100	10–22	10–22							5
未电镀车圈	24#，未电镀	未审核	150	10–16	10–16			15				
前轴棍	150mm	未审核	200	10–21	10–21						10	

从以上数据可以看到，加工“前轮轴承”、“前轴棍”、“未电镀车圈”的计划订单存在生产负荷超标，需要调整。

3. 确定计划调整的策略

一般企业 MRP 阶段排产物料数量众多，各生产物料之间往往存在依存关系。BOM 数据就是材料依存关系的数据表现。当一个材料需要提前生产加工，其下级半成品物料也需要提前生产，其下级采购物料也需要提前采购。因此在进行计划调整时，要遵循以下原则。

- 优先调整在 BOM 层级中层级较高的物料所对应的计划订单。
- 优先调整生产负荷高的工作中心（瓶颈工作中心）的计划订单。
- 优先调整加工时间较晚的计划订单。
- 已审核的计划订单尽量不要再调整。

根据以上原则，我们可以确定调整优先级，前轮轴承优先于前轴棍和未电镀车圈。

4．执行调整步骤

每次调整后，都需要重新进行 MRP 运算和细能力计划。

第 1 次调整

- 先查找组装加工工序，查找 10 月 1 日至 10 月 30 日这一个月组装加工中心的工作负荷发现：因为组装加工中心还要用来组装产成品“车前轮（24、28 英寸）”，10 月 23 日再追加生产“前轮轴承”有超负荷现象。因此将“前轮轴承（小挡）”90 个的计划订单开工日期和完工日期由 23 日调整到 22 日。
- 具体操作步骤如下：在【MRP 计划订单—维护】中，选中“前轮轴承（小挡）”90 个的计划订单，双击打开，将该计划订单开工日期和完工日期都调整为 10 月 22 日，并审核该计划订单。再打开“前轮轴承”150 个的计划订单，订单生产时间无须调整，直接审核计划订单。确认所有“前轮轴承”的生产任务。
- 重新计算 MRP，重新计算细能力计划。计算参数同前，结果变为如表 7–3 所示的内容。

表 7–3　　调整后的组装加工中心能力负荷明细结果

物料	规格型号	状态	数量	计划开工日期	计划完工日期		10.20	10.21	10.22	10.23	10.24	
						日能力	16	16	16	16	16	…
						日负荷			12	15	9	…
车前轮	28 英寸	审核	90	10–24	10–24						9	
车前轮	24 英寸	审核	30	10–23	10–23					3		
车前轮	24 英寸	审核	120	10–23	10–23					12		
前轮轴承	小档	审核	90	10–22	10–22				4.5			
前轮轴承	小档	审核	150	10–22	10–22				7.5			

提问　当前轮轴承计划调整后，前轴棍的计划有什么变化？为什么？

第 2 次调整

- 查找数控加工中心，找 10 月 1 日至 10 月 30 日这一个月数控加工中心的工作负荷发现，10 月 21 日的工作任务超负荷，将其中前轴棍的计划订单时间提前一天，平衡工作负荷。
- 具体操作步骤如下：在【MRP 计划订单—维护】中，打开“前轴棍（150mm）”300 个的生产计划订单，将开工日期调整为 10 月 20 日开始，10 月 21 日完成，并审核该计划订单。
- 调整“未电镀车圈（28#，未电镀）”90 个的计划订单，将订单时间改为 10 月 16 日开始，

10月17日结束，并审核该计划订单。

➢ 调整“未电镀车圈（24#，未电镀）”150个的计划订单，将订单时间改为10月15日开始，10月16日结束，并审核该计划订单。

➢ 重新计算MRP，重新计算细能力计划。计算参数同前，结果变为如表7–4所示的内容。

表7–4　　调整后的数控加工中心能力负荷明细结果

物料	规格型号	状态	数量	开工日期	完工日期		10.15	10.16	10.17	10.20	10.21	10.22
						日能力	8	8	8	8	8	8
						日负荷	7	9	8	7	8	
未电镀车圈	28#，未电镀	审核	90	10–16	10–17			1	8			
未电镀车圈	24#，未电镀	审核	150	10–15	10–16		7	8				
前轴棍	150mm	审核	300	10–20	10–21					7	8	

5．检查所有工作中心，确认没有工作超负荷的情况

操作一点通

细能力计划调整后，需要重新计算MRP，以确保BOM中相关物料得到同步调整。

金蝶K/3系统中一个任务单的开工和完工时间跨越一个时间单位（通常是天），那么细能力计算会将加工时间分配到多个时间单位，工时分配采用倒排的原则，优先分配给后续加工时间。例如，未电镀车圈（24#）150个的生产任务总工时是15小时，15日开工，16日完工，那么工时分配为15日7小时，16日8小时。本案例中，16日同时叠加了未电镀车圈（28#）1小时加工，看起来时间超负荷，但是，未电镀车圈（24#）15日开工，15日有时间富裕，实际生产时车间主管会根据时间合理安排，并不会产生能力超负荷，因此无须调整。

当然如果需要进行更加精准的能力平衡，对于工时较长的计划生产任务，可以采用计划订单拆分的方法，将一个计划订单拆分为多个，每个计划任务可独立核算工时，就可以进行更精确的工时分配。该功能在【MRP计划订单–维护】中，采用“拆分”功能实现。

在【计划管理】→【细能力需求计划】→【细能力查询】→【细能力查询】中，我们可以单击菜单中的“图表”功能，图形化显示能力和负荷的情况。

相关知识

细能力需求计划的计算范围。细能力需求计划按照工艺路线计算所有计划订单的加工物料在各个工作中心的加工负荷，并按照工厂日历进行归集，得到每个工作中心的加工负荷。以方便我们根据加工时间负荷进行计划调整。因此，其计算负荷较大，计算时间一般会比粗能力计划要长。

三、MRP计划订单的审核和投放

任务引入

经过MPS/MRP计划，生产计划基本排定。已经安排好的计划需要下达给采购部门和生产部门，通知他们进行物料采购和生产组织。在没有ERP系统的时候，一般是分别制作打印2张报表，

一张采购计划表，一张生产任务计划表，交给相应部门执行。现在使用系统该如何处理呢？胡工指导说：“有了 ERP 系统，不再需要打印这 2 张表格，只需要进行计划订单的投放就可以达到同样的效果。”

操作步骤

1. 审核确认计划订单

在【计划管理】→【物料需求计划】→【MRP 维护】→【MRP 计划订单-维护】中，选中未审核的计划订单，单击“审核”按钮，审核所有产生的计划订单。

2. 投放 MRP 产生的计划订单

在【计划管理】→【物料需求计划】→【MRP 维护】→【MRP 计划订单-维护】中，选中所有已审核的计划订单，单击“投放”按钮，投放所有 MRP 产生的计划订单。

3. 查询后续单据

投放后的单据会变成关闭状态，在【计划管理】→【物料需求计划】→【MRP 维护】→【MRP 计划订单-维护】过滤条件中注意选择勾选“投放关闭状态”，查询到计划订单，通过下查功能看后续产生的单据。

提问 “辐条帽”、“辐条”和“前轮轴承”投放产生的计划订单有什么不同？为什么？

操作一点通

投放操作是不可逆操作，一旦投放，由计划转变为执行，原计划订单会生成相应单据（如表 7-5 所示）。原计划订单会自动关闭，将不能再修改。请确认生产计划没有问题后再投放相应单据。

表 7-5 不同类型计划订单投放结果对应表

物料类型	计划订单单据类型	投放单据
外购	采购申请类	采购申请单
自制	生产任务类	生产任务单
委外加工	委外加工类	采购申请单（委外类）

如果希望查询已经关闭的计划订单，请在【计划管理】→【主生产计划】→【MPS 维护】→【MPS 计划订单→维护】或者【计划管理】→【物料需求计划】→【MRP 维护】→【MRP 计划订单-维护】过滤条件界面中，勾选“关闭方式（投放关闭，手工关闭，手工拆合关闭）”。

四、MPS 计划订单的审核和投放

任务引入

在计划制定阶段采用倒排计划的方法，先安排成品的 MPS 主生产计划，再安排原料和半成品的 MRP 物料需求计划。而执行阶段顺序恰好相反，一般是按照生产时间先后顺序先投放原料和半成品的 MRP 计划订单，然后投放 MPS 产生的计划订单。

操作步骤

1. 投放 MPS 产生的计划订单

在【计划管理】→【主生产计划】→【MPS 维护】→【MPS 计划订单—维护】中，选中所有已审核的计划订单，单击“投放”按钮，投放所有 MRP 产生的计划订单。

2. 查询后续单据

投放后的单据会变成关闭状态，在【计划管理】→【主生产计划】→【MPS 维护】→【MPS 计划订单—维护】过滤条件中注意选择勾选“投放关闭状态”，查询到计划订单，通过下查功能看后续产生的单据。

操作一点通

投放动作是在整个计划阶段完成后进行，运营过程由计划阶段转为正式执行阶段。投放操作是不可逆操作，一旦投放，由计划转变为执行，原计划订单会生成相应单据，原计划订单会自动关闭，将不能再修改。尤其要注意在 MRP 计划没有完全确定前，不要投放 MPS 计划产生的计划订单，投放过的 MPS 计划订单将会自动关闭，会影响后续 MRP 的计算结果。★

MPS 和 MRP 计算都会产生计划订单，计划完成后，2 个地方的计划订单都要投放。当生产时间跨度较大时，可以根据计划订单的开工日期的先后分阶段投放。

投放“生产任务类/委外加工类”计划订单前，检查该单据是否有 BOM，缺乏 BOM 单号是无法进行投放的。说明进行 MRP 计算前 BOM 没有准备好，需要设置好 BOM 后，重新进行 MRP 计算。

项目小结

细能力计划（CRP）主要是对 MRP 计划的结果进行能力平衡，CRP 会计算所有生产物料在所有工作中心上的能力负荷，所以计算时也会将 MPS 的结果一并纳入考虑，其计算范围要大于粗能力需求计划 RCCP。计算工作量会更大，结果更加可行。

金蝶 K/3 ERP 系统的细能力计划 CRP 会计算所有生产任务在所有工作中心的负荷，能力计算依据工作中心的生产资源和加工时间计算获得，负荷计算根据 BOM、工艺路线计算获得。将产能和负荷落实在时间坐标轴上，通过比对能力负荷，帮助进行负荷调整，实现所有半成品和产成品的能力平衡。CRP 计划调整完成后，MPS/MRP 计划成为了经过完全能力平衡，可以实际执行的计划，计划阶段完成，转入执行过程。

项目八 采购管理

项目重点

- 采购价格管理
- 采购标准业务流程
- 采购报表查询和分析

任务一 采购资料设置

一、采购价格管理

任务引入

创世公司采购部负责企业所有生产原料和代销商品的采购，由于涉及物料种类多，采购订货较为频繁，所以确定价格并正确制作采购订单是采购部的重要日常工作。面对市场的变动，如何有效管理采购价格一直是比较困难的问题。手工管理时，常常采用 Excel 电子表格记录价格，提供给采购人员备查，但是由于维护的不及时和文件传递延时，错误常常发生，而对于数千种商品价格的变动，管理者难以准确分辨造成价格变动的原因。因此采购主管吴伟希望系统能够帮助解决该问题，同时还希望系统能够更有效地帮助管理者监控价格。

操作步骤

（一）价格资料录入

选择【系统设置】→【基础资料】→【采购管理】→【采购价格管理】，单击进入采购价格管理窗口。本案例单击“供应商”按钮。在左边导航栏选中相应供应商，然后选择【编辑】→【新增采购价格】或者单击工具栏“新增”按钮，输入表 8–1 中的价格资料。价格资料保存后必须审核才能生效。

表 8–1 中的价格有效期都是从 2014–1–1 至 2100–1–1。

表 8–1　　采购价格资料设置实例

物料代码	名称	规格型号	供应商	订货量（从—到）	币别	单价类型	报价	折扣率（%）
01.01.002	轴承圆钢	d10mm	兴发钢材厂	0～0	人民币	采购单价	3	0
01.01.010	钢带	5×50mm	兴发钢材厂	0～0	人民币	采购单价	2	0
01.01.015	钢丝	3mm	兴发钢材厂	0～0	人民币	采购单价	0.5	0
01.01.101	不锈钢钢管	外径 1.3cm，内径 0.9cm	兴发钢材厂	0～0	人民币	采购单价	2	0

续表

物料代码	名称	规格型号	供应商	订货量（从一到）	币别	单价类型	报价	折扣率（%）
01.01.020	前轴花盘	16孔	兴发钢材厂	0～0	人民币	采购单价	1.5	0
01.01.030	前轴碗	小档	兴发钢材厂	0～0	人民币	采购单价	1.5	0
01.01.060	钢珠	6mm	兴发钢材厂	0～0	人民币	采购单价	0.01	0
01.01.070	六角螺母	8#	兴发钢材厂	0～0	人民币	采购单价	0.02	0
01.01.095	辐条帽	铜质	兴发钢材厂	0～0	人民币	采购单价	0.02	0
01.01.111	弹簧	直径1cm，长度6cm	兴发钢材厂	0～0	人民币	采购单价	3	0
01.02.102	外胎	28英寸	达利橡胶制品厂	0～0	人民币	采购单价	30	0
01.02.103	外胎	24英寸	达利橡胶制品厂	0～0	人民币	采购单价	28	0
01.02.202	内胎	28英寸	达利橡胶制品厂	0～0	人民币	采购单价	20	0
01.02.203	内胎	24英寸	达利橡胶制品厂	0～0	人民币	采购单价	18	0
04.01.001	HUB头盔	X3银灰 280g	风速贸易有限公司	0～0	人民币	采购单价	50	0
04.01.002	HUB 头盔	X3玫红 280g	风速贸易有限公司	0～0	人民币	采购单价	60	0
04.01.003	HUB 头盔	X5蓝色 278g	风速贸易有限公司	0～200	人民币	采购单价	100	0
04.01.003	HUB 头盔	X5蓝色 278g	风速贸易有限公司	201～999 999	人民币	采购单价	100	10
04.04.001	SIM车把套	PTE矽乳胶材料、银色边	SIM BICYCLE中国有限公司	0～10 000	人民币	采购单价	25	0
04.04.001	SIM车把套	PTE矽乳胶材料、银色边	SIM BICYCLE中国有限公司	10 001～999 999	人民币	采购单价	25	10
04.04.002	SIM车把套	PTE矽乳胶材料、金色边	SIM BICYCLE中国有限公司	0～10 000	人民币	采购单价	25	0
04.04.002	SIM车把套	PTE矽乳胶材料、金色边	SIM BICYCLE中国有限公司	10 001～999 999	人民币	采购单价	25	10

操作一点通

价格资料可以按照两个维度查看和管理："供应商"和"物料"。可单击左上角的相应按钮进行切换。按"供应商"查看，能够比较方便显示某个供应商供应的所有商品价格；按"物料"查看，能够清楚比较某个物料的多个供应商的供货价格。

相关知识

1. 梯级价格折扣的设置方法

供应商为了促进销售，常常采用批量折扣的促销方式，不同订货量给予不同的价格或折扣，形成了梯级价格。因此在价格资料输入时，需要分别输入每一个梯度的价格。默认情况下，数量区间"0～0"，表示不区分数量范围采用统一价格。

2. 采购价格类和委外加工价格类型

供货价格分2种类型：采购价格类和委外加工价格类。

采购单价：指购买物料的价格，该类价格应用于采购类单据。

委外加工类价格分为两种，都应用于委外加工类单据。

订单委外单价：指将某半成品或成品的生产加工完全委托外协加工厂加工的价格。

工序委外单价：指将某半成品或成品的某部分生产工序委托外协加工厂加工的价格。采用该类型，需要在“工序代码”中填写具体外协的加工工序。

3. 价格有效期管理

通过设置价格有效时间范围，能够满足企业价格定期调整的需要，也可以体现价格历史变化过程，避免采购人员采用过期价格造成的订货错误。

4. 订货提前期（天）

从采购订货到最终交货的时间长度（天），设置该数据，有助于帮助采购员合理安排提前订货的时间。

操作步骤

（二）设置最高限价

设置完供应商的报价，还需要对原材料的最高采购价格进行限制。选中需要限价的物料，选择菜单【编辑】→【限价】或者单击工具栏“限价”按钮，输入表 8–2 中的限价资料。

表 8–2　　采购限价设置实例

物料代码	物料名称	规格型号	供应商	币别	最高限价
04.01.001	HUB 头盔	X3 银灰 280g	所有供应商	人民币	55
04.01.002	HUB 头盔	X3 玫红 280g	所有供应商	人民币	65
04.01.003	HUB 头盔	X5 蓝色 278g	所有供应商	人民币	110
04.04.001	SIM 车把套	PTE 矽乳胶材料、银色边	所有供应商	人民币	30
04.04.002	SIM 车把套	PTE 矽乳胶材料、金色边	所有供应商	人民币	30

相关知识

最高限价控制。通过设置最高限价，一定程度上能够起到监控价格的作用，控制了采购的价格风险。超过限价的单据会被限制保存，方便管理者重点监控，找寻涨价的真实原因。

操作步骤

（三）价格管理参数设置

有了价格资料，还需要合理设置采购价格管理参数，才能让价格管理发挥应用的作用。

依次选择【系统设置】→【基础资料】→【采购管理】→【采购价格参数设置】，进入设置界面。按照表 8–3 设置价格参数。

表 8–3　　采购价格参数设置实例

	项目参数	设置值
修改控制页	修改控制强度	不予控制
限价控制页	限价控制强度	取消交易

续表

	项目参数	设置值		
	限价控制为 0 不予控制	√		
应用场景 页		保存时控制	审核时控制	修改控制
	采购订单	√	√	√
	购货发票（专用）	√	√	√
	购货发票（普通）	√	√	√
	进口订单	√	√	√
	委外订单	√	√	√
	委外工序转出单	√	√	
其他页	启用采购价格管理	√		
	采购价格资料含税			
	采购订单自动更新价格管理资料	不更新		
	采购订单自动更新采购价格转化为基本计量单位	√		
	采购订单反写采购价格资料状态	已审核		
	采购订单与蓝字采购发票价格同步			
	采购价格批量新增后自动审核	√		

相关知识

1. 修改控制

修改控制是指制作采购单据时，是否能够在原有价格基础上进行修改。采购价格修改的控制强度有 4 种：禁止修改、密码控制、给予提示、不予控制，强度级别由强到弱。

2. 限价控制

限价控制是指在制作采购单据时，价格超过最高限价时的控制强度，分 4 种：不控制、预警提示、密码控制、取消业务，控制强度由弱到强。

3. 最高限价为 0 不予控制

勾选后，当没有设置最高限价（未设置限价的限价默认值为 0）时，不进行限价控制。

4. 应用场景

设置哪些采购单据进行价格控制，以及什么时点（保存、修改、审核）进行限价或修改控制，可以对 8 种采购类单据设置。

5. 启用采购价格管理

只有该参数选中后，关于最高限价的功能才能启用，系统将根据用户设置选项进行最高限价控制。

6. 采购价格管理资料含税

该选项选中时，采购价格管理中的报价和物料资料里的“采购单价”为含税价，直接携带至采购订单、采购（专用）发票的含税价字段；将此含税单价转换为不含税单价后，再携带至收料通知单、采购入库单的采购单价字段。反写时，也是将采购订单或发票中的含税价写回价格管理资料或物料中。

该选项不选中时，采购价格管理中的报价和物料资料里的“采购单价”为不含税价，携带时带到订单、收料通知单、入库单、采购（专用）发票的不含税价字段。反写时，也是将这些单据中的不含税价写回价格管理资料或物料中。

7. 采购订单自动更新采购价格管理资料

该选项包括三个参数值：不更新、保存时、审核时。

当选择“不更新”时，采购订单保存、审核均不反写价格管理资料。

当选择“保存”时，则采购订单在保存时更新价格资料。

如果选择“审核”时，则采购订单在审核时更新价格资料。

8. 采购订单自动更新采购价格管理资料转换为基本计量单位

当用户选中该选项时，采购订单自动更新采购价格管理资料时会转换为基本计量单位进行更新；不选中该选项时，采购订单自动更新供应商供货信息只反写当前单据上的对应计量单位的采购单价类型的价格，不写基本计量单位的价格。

9. 采购单价与蓝字采购发票价格同步

如果选中该选项，则在发票保存时更新物料中的“采购单价”；如果不选中该选项，则发票保存时，不需要更新物料中的“采购单价”字段。

如果选中系统选项“采购价格管理资料含税”，则发票反写采购单价时，是将含税单价 ×（1–折扣率）反写过去；如果不选中系统选项“采购价格管理资料含税”，则反写时，是反写不含税价 ×（1–折扣率）过去。

10. 采购价格管理资料批量新增后自动审核

该选项主要是方便对于采购价格管理的审核流程要求不是很严格的用户，如果用户选中该选项，则当用户按物料组或供应商进行批量新增后，只要该批量新增用户同时有审核的权限，则系统会对批量新增的记录自动审核；如果不选择该选项，则批量新增后，系统不会自动进行审核，须由用户手工对批量新增的记录进行审核工作。

二、应付系统初始化

任务引入

采购业务发生后，就需要进行采购货款的结算，因此，供应链系统中的采购管理模块往往需要和财务系统的应付账款管理模块相衔接。供应链中的销售管理模块和财务系统中的应收账款管理也有类似的衔接关系。

金蝶 K/3 ERP 系统支持 2 种应用模式：①采购管理和应付系统、销售管理和应收系统协同使用，可实现采购后的应付账款和付款结算的一体化运作，销售后的应收账款和收款结算的一体化运作，保持两者数据的一致；②采购管理和应付系统、销售管理和应收系统相对独立进行，不保持两者之间的数据同步。

两种模式的选择由系统参数控制：在【系统设置】→【系统设置】→【存货核算】→【系统设置】的“供应链整体选项”中，如果勾选“若应收应付系统未结束初始化，则业务系统发票不允许保存”为第①种模式；否则为第②种模式。

一般推荐企业采用第①种模式，以实现财务业务一体化管理。本案例也采用第①种模式。在第①种模式下，必须保证应收应付系统已先于业务系统启用，因此在采购系统使用前，需要进行应付系统初始化；销售系统使用前，进行应收系统初始化。

以下首先进行应付系统初始化。如果企业采用第②种模式，请跳过本节内容。

操作步骤

（1）依次选择【系统设置】→【系统设置】→【存货核算】→【系统设置】的“供应链整体选项”，勾选“若应收应付系统未结束初始化，则业务系统发票不允许保存”。

（2）依次选择【系统设置】→【系统设置】→【应付款管理】→【系统参数】，进入应付系统参数设置页。

单击“科目设置”页，制定应付系统主要单据对应的会计科目，如表 8–4 所示。

表 8–4　　应付系统初始化会计科目设置实例

其他应付款	2181	其他应付款	采购发票	2121	应付账款
付款单	2121	应付账款	退款单	2121	应付账款
预付单	1151	预付账款	应付票据科目	2111	应付票据
应交税金科目	2171.01.01	应交税金—应交增值税—进项税额			
核算项目	供应商				

操作一点通

选择的往来类科目必须是受“应收应付系统”控制的科目，如果没有设置，系统保存会提示错误。发生这种情况，请检查相应科目的设置。参考项目二基础资料的会计科目设置中修改科目的内容。

（3）录入应付款初始数据。在企业应用时，在启用系统时，都有未完成付款的应付账款情况，可在【系统设置】→【初始化】→【应付款管理】中录入相应的应付款资料。具体录入方法参考金蝶 K/3 财务会计模块帮助文档，本书不再详述。

本案例假设该公司启用期间无未付款的应付款项。跳过本步骤，结束应付账款初始化。

（4）结束应付系统初始化。依次选择【财务会计】→【应付款管理】→【初始化】→【结束初始化】，在“需要查看初始化检查结果？”提示界面中单击“否”按钮，跳过初始化检查。在“初始化对账提示？”提示界面中单击“否”按钮，跳过初始化对账检查。系统提示“系统启用成功”，完成应付系统初始化工作。

操作一点通

结束应付系统初始化时，单击“是”按钮也没有关系，只是会多出对账界面查看，也可以结束初始化。

应付系统未结束初始化，不能录入后续的采购发票。

任务二 采购业务处理

一、标准采购流程

任务引入

计划部陈东明根据销售计划需要向采购部提交采购申请：需要采购 HUB 头盔（X3 银灰 280g）120 个、HUB 头盔（X3 玫红 280g）100 个，于 2014 年 9 月 4 日填写采购申请单提交采购部，要求 9 月 12 日前到货。

采购部采购人员崔小燕根据采购协议于 2014 年 9 月 6 日向风速贸易有限公司下订单，订购 HUB 头盔（X3 银灰 280g）120 个，HUB 头盔（X3 玫红 280g）100 个，填写采购订单传给供应商，约定 9 月 12 日到货，采用电汇结算，到货后 3 个月后付款。

采购部采购人员崔小燕 9 月 8 日接到风速贸易有限公司的电话，告知货物已经发运，会按时到达，采购员通知仓管员预留库位，准备收货。

2014 年 9 月 12 日到货，产品批号为 20140901，仓库管理员何佳初步检验合格后入库，放入产成品仓。

2014 年 9 月 12 日收货同时收到风速贸易有限公司开来的销售增值税发票，不含税金额 12 000 元，增值税率 17%，增值税税额 2040 元，开票人张云。

同时收到运费发票，由风速贸易有限公司代付运费 200 元。

业务流程

根据案例的描述，我们把采购分为以下几个业务流程，如图 8-1 所示。

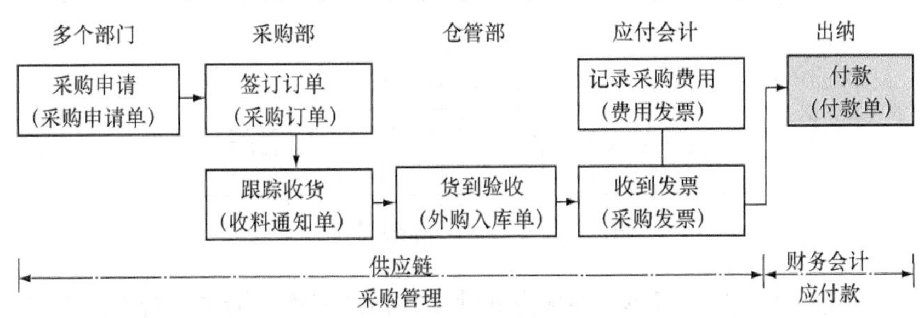

图 8-1 标准采购业务流程图

该流程体现的实际业务是：货先到，发票后到，最后付款，同时，入库单和发票都在同一个期间入账，处理相对简单。其中，除付款单外，其他单据在采购系统处理。采购申请单和收料通知单可以根据企业需要选择是否使用。当然，外购入库单也可以在仓存系统新增。关于采购过程的检验处理我们在质检系统再行讲解。为方便讲解，后续所有操作以同一用户身份模拟各业务环节操作。

金蝶 K/3 ERP 系统的标准流程单据制作方式有以下两种。

（1）下推生成：对于 A 单据生成 B 单据，可以在 A 单据的维护界面，选择目标单据（多行单据需要多选），选择菜单【下推】→【下推B单据】，单击“生成”按钮就可以生成B单据，填写相关信息并保存单据。产生的B单据可以在B单据的维护界面查询。

（2）上引生成：对于A单据生成B单据，可以在B单据的新增界面中，在“源单类型”中选择A单据类型，在“选单号”中按F7键，在待选列表中选择目标单据（多行单据需要多选），单击“←”返回按钮，填写相关信息并保存单据。新产生的B单据可以在B单据的维护界面查询和修改。

本项目先学习下推方式产生单据。上引方式在销售管理系统中再学习。

操作步骤

（一）新增采购申请单。

选择【供应链】→【采购管理】→【采购申请】→【采购申请单—新增】，单击进入采购申请单新增窗口，填制单据内容，保存后，由主管人员审核。

操作一点通

审核：当采购申请单保存后，可以在此界面上直接审核，或者在单据查询界面审核。本案例未启用多级审核功能，因此每单据只须审核一次即可通过。注意“制单”、“审批人”和“审批时间”栏是系统自动填写，不能修改。“制单”填写当期操作用户，“审批人”填写当前进行审批操作的用户，“审批时间”填写审核时服务器的系统时间。

相关知识

1. 哪些管理业务会发起采购申请

采购申请单是各业务部门或计划部门根据主生产计划、物料需求计划、库存管理需要、销售订货或零星需求等实际情况，向采购部门提请购货申请，并可批准采购的业务单据。它常常是整个采购业务的发起点。

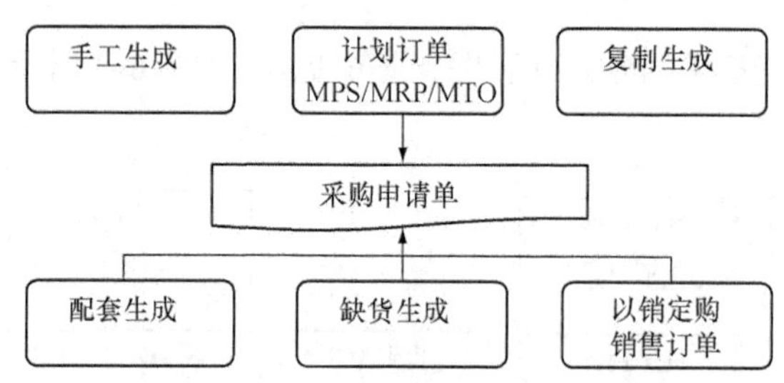

图8-2　采购申请单的生成方式

手工生成：直接新增采购申请单，生成方式简单，但是采购申请量的合理性需要人工控制。

计划订单生成：根据生产计划MPS/MRP/MTO等计划管理功能，计算产生采购申请，产生方式复杂，但是在综合考虑企业各种情况计算出的合理采购量，采购可行性好。

复制生成：就是可以以一张已有的采购申请单为模板复制产生新的采购申请单，继承原单的部分信息。效果类似手工生成，也需要人工控制采购量。

配套生成：可以在没有完整MPS/MRP功能的时候，采用简化的配套计划功能计算物料的采购申请。配套计划功能类似MRP，但是考虑因素较少，适合生产模式比较简单的企业。

缺货生成：可以根据库存缺货查询和计算功能，找出缺货物料，安排采购计划，产生采购申请单。库存缺货查询适合对独立需求(销售需求)的物料计算缺货情况，不支持相关需求（生产需求）的物料缺货情况的生成。因此一般适合纯商业型企业。

以销定购，按销售订单生成：完全根据销售量安排采购量，产生采购申请单，是一种典型以销定采的模式。在本书销售管理任务中详细讲解。

2. 采购申请单的关键信息

采购申请单的核心信息是确定什么部门人员申请，需要什么规格的物料，数量多少，什么时候需要，因此单据中相关信息必须要完整。

3. 到货日期和建议采购日期

采购申请时，需要交货的时间填写在“到货日期”栏。采购人员应该保证在此时间之前交货。但是，实际采购订货到交货需要一定时间，因此需要提前采购。系统“建议采购时间”就是建议的最晚订货下单时间。计算公式：建议采购日期=到货日期–提前期。提前期是在物料资料中设置的。

4. 是否需要在采购申请环节指定供应商

填写申请采购时，一般并不确定供应商，之后由采购员决定供应商选择。但是有时候企业会因为生产质量、原料价格等方面的原因，定向从某供应商采购，那么就可以填写“供应商”栏。对于采购的其他特殊要求可以在“用途”栏中给予说明。

操作步骤

（二）采购申请单下推采购订单

选择【供应链】→【采购管理】→【采购申请】→【采购申请单—维护】，单击进入采购订单维护界面，选中相应的采购申请单（多行单据需要多选）。选择菜单【下推】→【生成采购订单】，单击“生成”按钮，补充采购订单信息，保存并审核单据。

操作一点通 根据采购申请单进行订货时，填写采购订单必须体现和采购申请之间的关联关系。关联是指单据之间建立的一种传递业务信息的关系，即在连续的业务处理过程中，将某一流程单据的业务信息传递给下一流程单据，使两者之间保持业务的连续性，同时也减少大量相同信息的重复录入，包括上拉式和下推式两种关联方式。

提问 录入本业务时，系统给出的采购价格各是多少，为什么？

相关知识

1. 采购订单的作用

采购订单是企业采购部门根据各种采购申请单制定，并交给供应商作为订货依据的单据。采购订单是采购订货业务工作中非常重要的一个管理方式，通过采购订单可以直接向供应商订货并可查询采购订单的收料情况和订单执行状况。单据生成后要审核。

2. 采购订单需要补充的关键信息

采用关联采购申请单生成单据，系统会继承采购申请单的信息。在订货环节，采购员主要的工作是和供应商协商好具体的数量、价格、交货日期、交货运输方式、结算方式和付款条件等信息。

操作步骤

（三）采购订单下推收料通知单

选择【供应链】→【采购管理】→【采购订单】→【采购订单—维护】，单击进入采购订单维护界面，选中相应的采购订单（多行单据需要多选）。选择菜单【下推】→【生成收料通知单】，单击“生成”按钮，补充相关信息，保存并审核单据。

操作一点通　完成收料通知单，可以在“收料通知单—维护”界面中选中该单据，通过“上查”功能查询其上游单据。

提问　完成收料通知单后，查询对应的采购订单中“关联数量”和“入库数量”各是多少？为什么？

相关知识

收料通知单的作用。收料通知单是采购部门在物料计划到达或到达后，登记由谁验收，由哪个仓库入库等情况的详细单据，能够起到告知仓库提前进行收货准备的作用。单据生成后必须要审核。收料通知单是采购系统与仓存系统连接的关键接口。

操作步骤

（四）收料通知单下推外购入库单

选择【供应链】→【采购管理】→【收料通知单】→【收料通知单—维护】，单击进入收料通知单维护界面，选中相应的收料通知单（多行单据需要多选）。选择菜单【下推】→【生成外购入库单】，单击“生成”按钮。补充相关信息，保存并审核单据。

操作一点通　外购入库单上必须填写入库的仓库，如果该仓库还进行仓位管理，那么还需要选择存储位。

在单据头部和单据体中都有“收料仓库”字段，系统最终只存储单据体中字段。但是，当一次需要入库多条物料，并且收入相同仓库的时候，那么通过填写单据头的“收料仓库”，可以快速批量填充单据体中“收料仓库”字段，起到加速单据输入的作用。保存后重新打开单据会发现单据头部“收料仓库”字段重新置空。

提问

1. 保存外购入库单后，选择菜单【查看】→【库存查询】（或使用F12快捷键），查询每种物料的库存是多少？
2. 审核完外购入库单后再次检查库存，库存又是多少？是否有什么变化？
3. 完成外购入库单后，再次查询对应的采购订单中“关联数量”和“入库数量”各是多少？为什么？

相关知识

外购入库单的作用。外购入库单又称收货单、验收入库单等，是确认货物入库的书面证明。外购入库单在金蝶K/3供应链系统中具有非常重要的意义。

首先，它是体现库存业务的重要单据，供应链系统的最大特色是以独立于企业物流的有形的单据流转代替业务中无形的存货流转轨迹，从而将整个物流业务流程统一为一个有机整体。外购入库单不仅表现了货物转移，同时也是所有权实际转移的重要标志。

其次，外购入库单是货币资金转为储备资金的标志。外购入库单一方面表现了实物的流入，形成储备资金，另一方面预示着货币资金的流出或债务的产生，因此，相关的采购发票处理与其关系非常密切。

最后，外购入库单也是财务人员据以记账、核算成本的重要原始凭证。在金蝶 K/3 供应链系统中，外购入库单确认后，需要继续处理采购发票与外购入库单的核销或外购入库单的暂估、自动生成记账凭证、原材料成本的核算，从而为正确进行成本核算和结账打下基础。这一连串的连续业务处理说明外购入库单是重要的核算单据。

操作步骤

（五）外购入库单下推采购发票

选择【供应链】→【采购管理】→【外购入库单】→【外购入库单—维护】，单击进入外购入库单维护界面，选中相应的外购入库单（多行单据需要多选）。选择菜单【下推】→【生成购货发票（专用）】，单击“生成”按钮，补充相关信息，保存并审核单据。

操作一点通

在新增采购发票时，默认打开的是专用发票界面，可以单击右上角的下拉框切换。采用采购和应付一体化运作时，录入发票时需要录入“往来科目”字段，选择往来类科目，一般选择“应付账款”。

提问　录入完成后采购发票请观察含税单价、税额各是多少？如何计算出来？

相关知识

1. 采购发票的作用

采购发票是供应商开给购货单位，据以付款、记账、纳税的依据。发票实体只有销售发票，作为采购方会收到销售方开出的销售发票，因此站在采购方角度来看，就是采购发票。采购发票具有业务和财务双重性质，是金蝶 K/3 供应链系统的核心单据之一，具体表现如下。

第一，发票处理是企业采购业务中重要的一个环节，发票以有形的单据流代替企业生产经营活动中无形的资金流动轨迹，并与反映物流的外购入库单一起相互钩稽，实现资金流和业务流的双轨并行，从而将整个物流业务流程统一为一个有机整体。

第二，采购发票是供需链的重要信息中心之一，是联系财务、业务系统的重要桥梁。采购发票在采购系统中联系的单据最多，采购发票与采购订单、收（退）料通知单、外购入库单等全部业务单据都有联系；同时与应付款系统实现发票共享，并与采购合同、付款单、预付单据联系紧密。这种联系既包括单据与单据关联的直接联系，又包括通过直接关联的单据与第三方单据间接关联，在供应链系统中，两种三方关联的模式中发票都是基本的关联因素。这样，业务和财务信息之间紧密结合，平滑连接，形成了一个信息丰富的整体，从而提高了整个金蝶 K/3 系统的综合运作水平和效率。

第三，发票不仅表现了资金流动，同时也是业务实现的法定标志。在企业购销业务中，发票往往是确认收入实现的标志；同时，采购发票包括增值税发票、普通发票的丰富内容，是抵扣税额的法定凭证。

第四，发票也是财务人员据以记账、核算成本的重要原始凭证。在金蝶K/3供应链系统中，发票与外购入库单钩稽后，需要继续处理入库核算，自动生成记账凭证，从而为正确进行利润的计算和结账打下基础。这一连串的连续业务处理说明采购发票是重要的核算单据。

2. 采购发票类型

采购发票在形式上分为专用和普通两种。它们的区别在于专用发票涉及增值税，而普通发票不涉及增值税，普通发票在格式上只比专用发票少了几个与增值税有关的项目，其他操作相同。

不管是专用发票还是普通发票，也分两种，即蓝字、红字发票，它们的生成方式也有所不同。蓝字发票是真正的采购发票，而红字采购发票则是指退货发票。

操作步骤

（六）录入相关费用发票

选择【供应链】→【采购管理】→【采购发票】→【采购发票—维护】，双击进入采购发票维护界面。选中相应购货发票，单击工具栏“费用”按钮，新增费用发票，填制费用发票中相关内容，保存后审核该单据。

操作一点通

录入完的费用发票，可以在【供应链】→【采购管理】→【费用发票】→【费用发票—维护】界面中查询。

费用发票单据体中录入的是费用项目，不是物料列表。费用项目数据来源于基础资料的费用项目。费用发票必须输入费用金额，可以不用输入费用单价。

提问　录入完成后采购发票请观察含税单价、税额各是多少？如何计算出来？

相关知识

1. 费用发票的作用

费用发票是运输单位开给购货单位，加工单位开给来料单位等据以付款、记账、纳税的依据。

2. 采购发票和费用发票的连属关系

采购过程常常伴随发生各种相关费用，如运费、装卸费等。在金蝶K/3系统中，把费用发票和采购发票这种关系定位为连属关系（伴随关系），而不同于外购入库单和采购发票的关联关系（前后联系关系）。在操作上只能通过单击“连属”按钮查询，而不能通过“上查/下查”进行查询。

练习

计划部陈东明根据生产需要向采购部提交采购申请：需要采购SIM车把套（PTE矽乳胶材料、银色边），SIM车把套（PTE矽乳胶材料、金色边），各2000个，于2014年9月20日填写采购申请单提交采购部，需要9月25日前到货。

采购部采购人员崔小燕经过几轮询价于2014年9月21日向SIM BICYCLE中国有限公司下达订单订购，数量各2000个，订购单价都是25元（不含税价），填写采购订单传给供应商，约定9月25日到货，采用银行汇票支付，支付日期为收到后3个月。

采购部采购人员崔小燕9月23日接到SIM BICYCLE中国有限公司的电话，告知因为库存不够，于9月25日先发运1500个银色边车把套，1000个金色边车把套，9月28日，再补齐剩余数量，采购员通知仓管员准备收货。

2014年9月25日和9月28日分两次收到货物，仓库管理员何佳初步检验合格后入库，放入产成品仓。

会计满军2014年9月30日收到对方开来的销售增值税发票（含2批货总价），不含税总金额100 000元，增值税率17%，开票人为李云。

提问

1. 当供应商分批交货时，相应单据应该如何处理？
2. 第2次录入收料通知单时，单据中各物料的应收数量是多少？为什么会有变化？

二、MRP采购计划执行

任务引入

2014年10月10日采购员崔小燕按照MRP采购计划向兴发钢材厂订购轴承圆钢、钢带、钢丝、前轴花盘、前轴碗、钢珠、六角螺母、辐条帽等金属原料，按照协议价格采购，约定2014年10月14日到货。

10月13日接到供应商电话，确定明日送货上门。

10月14日货到，何佳验收材料放入原材料仓。

10月14日收货的同时收到兴发钢材厂开来的销售增值税发票，金额同采购订单，增值税率17%，开票人刘飞。

业务流程

与正常采购业务流程基本一致，因为MRP投放已经产生采购申请单，因此无须再录入采购申请单，根据采购申请单下推后续单据。MRP采购的业务流程如图8-3所示。

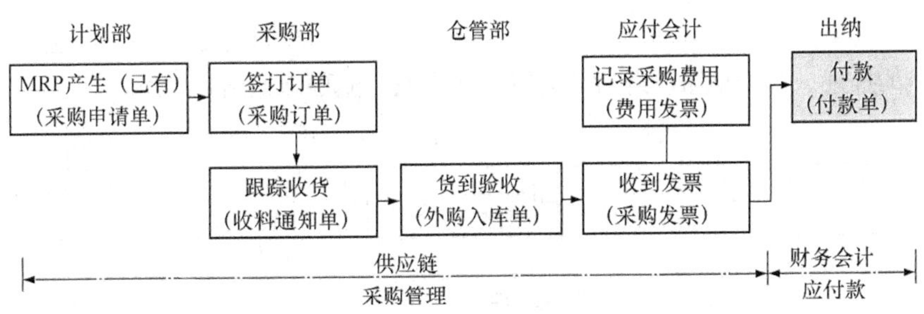

图8-3　按照MRP计划执行的采购流程图

操作步骤

具体业务操作参考项目八任务二中的标准采购流程处理。

操作一点通　采购申请单有多种产生方式，可以手工新增、MRP产生、缺货产生等方式生成。想要了解采购申请产生的来源，可以通过单据中的“单据来源”字段查看。查看的方式是在【供应链】→【采购管理】→【采购申请】→【采购申请单—维护】的过滤界

面中，打开“表格设置”页，在表格设置中勾选“单据来源”、“源单单号”、“源单类型”3个字段，单击“确定”按钮进入单据列表界面。单据序时簿界面就会多出3列数据，可以查看单据的来源。

练习

1. 2014年10月20日采购员崔小燕按照MRP采购计划向达利橡胶制品厂订购外胎（28英寸）、外胎（24英寸）、内胎（28英寸），内胎（24英寸），按照协议价格采购，约定2014年10月22日到货。

10月21日接到供应商电话，确定明日送货上门。

10月22日货到，何佳验收材料放入原材料仓。

10月22日收货同时收到达利橡胶制品厂开来的销售增值税发票，金额同采购订单，增值税率17%，开票人刘飞。

2. 在项目六任务二中已经完成了一笔采购订货：2014年9月10日采购员崔小燕向达利橡胶制品厂采购外胎（28英寸）30个，协商采购价格为30元（不含税价），内胎（28英寸）20个，价格25元，约定交货时间为2014年10月14日，保存并审核单据。现在根据已经完成的采购订单，完成后续采购入库流程。

采购员崔小燕于10月14日接到供应商通知，该商品要延迟几天交货，预计10月17日到货，崔小燕通知仓库准备收货。

达利橡胶制品厂于10月17日将货送到，何佳验收合格办理入库，放入原材料仓。

同日，收到对方送来的发票，发票金额同订单。

三、退料处理流程

任务引入

2014年9月15日，仓库保管何佳发现之前（项目八任务二标准采购业务）向风速贸易公司购买入库的HUB头盔（X3银灰280g）中有10个有质量问题，采购人员崔小燕和供应商协商后决定退货，9月16日仓管员何佳完成退货手续，委托运输公司退回商品。

业务流程

根据案例的描述，我们把采购退货分为以下几个业务流程，如图8-4所示。

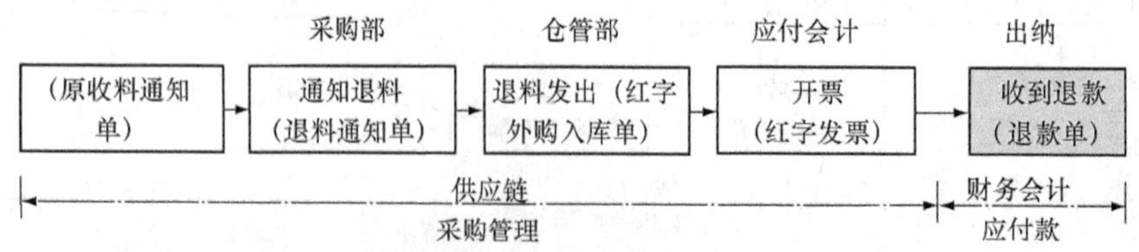

图8-4　采购退货退款处理流程

其中，除退款单外，其他单据在采购系统处理。

操作步骤

（一）原收料通知单下推退料通知单

选择【供应链】→【采购管理】→【收料通知】→【收料通知单—维护】，双击进入收料通知单维护界面，选中退货所对应的原收料通知单，选择菜单【下推】→【生成退料通知单】，单击“生成”

按钮。填写实际退货数量，合理补充其他相关信息，保存并审核单据。

提问 关联原收料通知单生成退料通知单时，请观察系统给出的原始数量是多少？应该改为多少？

操作一点通

采用批次管理的物料退货时，需要分清楚退货商品批号，可按 F7 快捷键查询。

相关知识

退料通知单的作用。退料通知单是处理由于质量不合格、价格不正确等因素或与采购订单或合同的相关条款不相符等原因，需要退回给供货单位的退货处理的业务单据，是收料通知单的反向操作单据。退料通知单的反向作用主要表现在如下几点。

第一，作为收料通知单的反向执行单据，可以作为红字外购入库单的源单据执行退货操作。

第二，退料通知单是采购质量管理中的不合格品退库单。在收货质量检验过程中，不合格品不能入库，要退回给供应商。

第三，作为受托加工物料加工完毕，交还委托单位的业务处理单据。

第四，在涉及集团内部的分销业务处理中，与退货通知单一起作为处理集团内部退货业务的重要单据，并在集团企业账套间相互传递，以完成业务流程，相互沟通业务信息。

操作步骤

（二）退料通知单下推红字外购入库单

选择【供应链】→【采购管理】→【退料通知】→【退料通知单—维护】，双击进入退料通知单维护界面，选中对应退料通知单，选择菜单【下推】→【生成外购入库单】，单击“生成”按钮，合理补充其他相关信息，保存并审核单据。

操作一点通

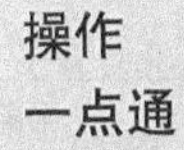

录入完红字外购入库单后，在【外购入库单—维护】中查询该单据，红字外购入库单的数量都为负数。

相关知识

红字单据的意义。在金蝶 K/3 系统中沿用了财务会计的习惯，在会计处理中，红字表示反方向操作。所有红字类的单据都是与原使用作用相反的单据，红字外购入库单表示从企业退货给供应商。

操作步骤

（三）红字外购入库单下推红字采购发票

选择【供应链】→【采购管理】→【外购入库】→【外购入库单—维护】，双击进入退料通知单维护界面，选中对应红字外购入库单，选择菜单【下推】→【生成购货发票（专用）】，单击“生成”按钮，合理补充其他相关信息，保存并审核单据。

提问　　关联原收料通知单生成退料通知单时，请观察系统给出的原始数量是多少？应该改为多少？

操作一点通

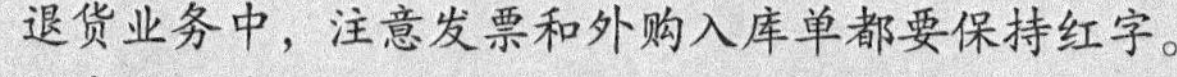
退货业务中，注意发票和外购入库单都要保持红字。

红字发票中的往来科目也填写“应付账款”，而不是“应收账款”，虽然是收到采购退款，但是会计记账一般还是要计入“应付账款”，用来冲减应付账款。

相关知识

1. 红字发票的实际处理方法

现实操作过程中，红字采购发票实际并不存在，收到的销售发票并没有红字发票，系统中记录红字采购发票主要是作为后续退款的依据，也作为税款计算的依据。

2. 换货处理流程

除了退货退款流程以外，还有换货流程，特点是不涉及退款，而是由供应商接受不良品的退货，重新发良品给对方企业进行换货，因此无须进行发票和退款处理，其流程如图 8-5 所示，相关操作类似，请查考帮助文档。

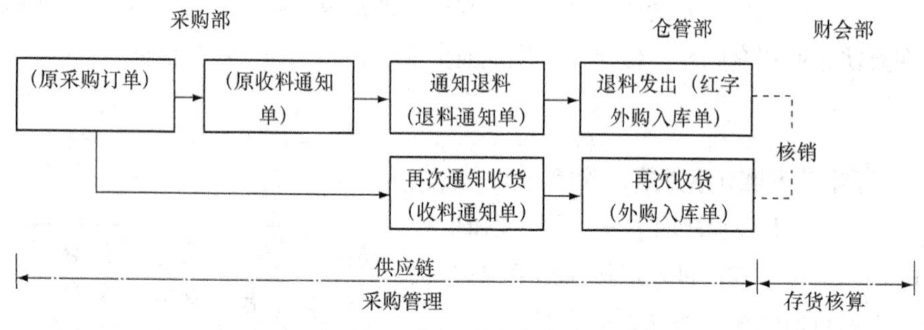

图 8-5　采购退货换货流程图

四、暂估入库业务

任务引入

2014 年 9 月 20 日计划部陈东明需要购买 100 个彩色卡板纸盒（20×40×80）用于配件包装，需要 9 月 29 日前到货，提交申请给采购部。

2014 年 9 月 21 日采购员崔小燕向苏州照明设备公司购买 100 个彩色卡板纸盒（20×40×80），约定 28 日到货。

9 月 27 日接到供应商电话，明日送货上门。

9 月 28 日货到，何佳验收并放入原材料仓，本次发票月末未到。

业务流程

暂估入库和正常采购业务流程基本一致，只是因为在财务结算的月度末，因为某些原因暂时未收到发票，因此在业务流程上暂时不录入采购发票和费用发票，待后期再处理，如图 8-6 所示。

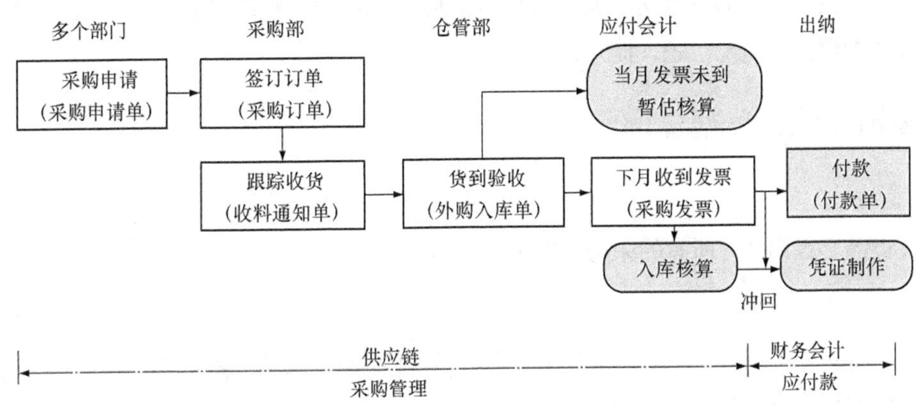

图 8-6　采购暂估入库业务流程

暂估入库和正常采购业务的主要差别体现在财务核算方式和过程的不同，本书将在项目十三存货核算中解释。

操作步骤

具体业务操作参考项目八任务二的标准采购流程处理。

相关知识

先票后货的采购业务流程。其采购流程可以根据企业的管理模式和业务过程进行配置。除了标准处理流程以外，还有一些常用流程如图 8-7 所示。

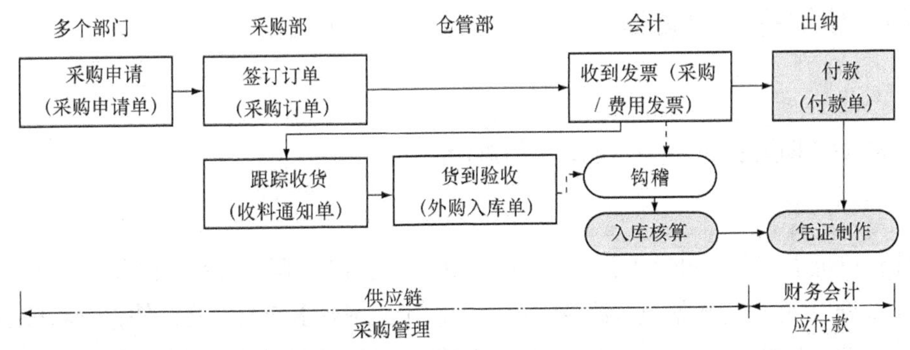

图 8-7　先票款后交货业务流程

企业可以根据实际需要调整流程，行业领先的 ERP 软件基本都提供流程配置的平台以支持企业流程的灵活配置和使用。

任务三 采购业务查询

ERP 系统提供了大量的查询功能和报表帮助企业查询统计所需要的数据，为企业提供了高效、快速的工具分析数据，发现问题，提升管理水平。

一、采购相关业务单据查询

任务引入

仓管人员需要查询 9 月所有的采购入库单。

操作步骤

选择【供应链】→【采购管理】→【外购入库】→【外购入库单—维护】，单击进入过滤条件窗口，在“条件”选项中，将“红蓝标志”改为“全部”。

在“排序”选项中，选定要排序的记录“日期”，单击“添加”按钮，则排序字段框中自动增加了刚才选择的“日期”字段，排序方式系统提供“升序”、“降序”两种，可以自由选择。同样操作，增加排序字段“供应商”。排在上面的是第一排序字段，依次类推。本案例先按日期排序，然后是供应商。如果想先按供应商排序，则选定“供应商”，单击右边的“上移”按钮即可。

在“表格设置”选项中，设置需要显示的内容。

单击“确定”按钮，系统自动将满足条件的记录显示在序时簿窗口。

单击“上查”按钮，可以查询所选择的单据，新增录入时关联过的单据。

单击“下查”按钮，可以查询所选择的单据被哪些单据关联过。

单击“退出”按钮，返回金蝶 K/3 主窗口。

二、采购订单执行情况查询

任务引入

采购部需要按供应商查询 9 月采购订单的执行情况。

操作步骤

选择【供应链】→【采购管理】→【采购订单】→【采购订单执行情况汇总表】/【采购订单执行情况明细表】，单击进入报表过滤条件窗口。按照案例要求修改过滤条件，起始日期为 2014 年 9 月 1 日，截止日期为 2014 年 9 月 30 日，去掉“仅显示汇总行”选项，汇总依据改为“供应商”。

单击“确定”按钮，系统按照过滤条件显示“采购订单执行情况汇总表”，表中按照供应商分类显示了采购订单的签订数、入库数及未入库的情况，可以进行打印、数据引出等操作。查看完毕，单击“退出”按钮，返回金蝶 K/3 主界面。

三、采购业务的报表

任务引入

采购管理部门经常要通过各种报表监控采购各环节的情况，可以通过报表分析实现对采购行为的监控。

操作步骤

在【供应链】→【采购管理】→【报表分析】中可查询相关报表。

提问 你能看出以下报表的主要用途吗？

采购汇总表：______

采购明细表：______

供应商供货 ABC 分析：______

物料采购结构 ABC 分析：______

采购订单 ABC 分析：______

采购价格分析：______

供应商价格趋势分析：______

供应商供货质量分析：______

供应商准时交货分析：______

采购/委外入库钩稽差异表：______

项 目 小 结

采购是保障企业原材料供应的必要环节。按照采购目的划分，采购主要有两种：一种为生产服务，生产企业的主要模式，为生产采购原料，其采购量和需求时间一般是企业计划排产后的结果，使用 ERP 系统的企业一般根据 MPS / MRP 计划排产之后的结果进行采购，采购申请单由计划投放产生；另一种为销售服务，商业企业的主要模式，采购成品专卖给客户，赚取价差，其采购量和采购时间是根据销售预测和库存做出，一般由采购人员根据销售情况进行决策。

企业采购管理都会有一个标准的作业过程，以实现采购的规范化管理。本项目讲解了常见标准采购流程（采购申请—采购订单—收料通知—外购入库—采购发票—付款单），ERP 系统也会有多种常见的业务流程供选择，企业也可以根据业务需要灵活配置业务流程。通过本项目学习，还可以了解采购价格管理，采购报表与业务分析等业务功能。

项目九 生产任务管理

项目重点

- 生产任务管理的概念
- 生产任务管理的操作方法
- 生产任务管理报表与分析

任务一 生产任务管理概述

1. 生产管理模块功能概述

金蝶 K/3 系统中生产管理模块分为 4 个：生产任务管理、重复生产计划、车间作业管理和设备管理。

➢ 生产任务管理模块是核心模块，能够支持各种生产类型的生产任务的管理。生产任务将生产过程看作一个整体，实现对生产任务的计划下达和变更管理，实现生产任务的投料和产出控制，对于生产过程更加细化的工序级管理，需要车间管理模块的支持。

➢ 重复生产计划是对生产任务管理模块的一种改进，增加了更适合重复性生产过程所需要的产线排程、任务分解等功能。适合产品相对标准化，生产节奏稳定的企业采用。

➢ 车间作业管理能够支持生产过程更加细化的工序管理要求，实现对生产工序的全程监控和投入产出控制，实现企业更加精细化的管理。

➢ 设备管理是生产管理的一个辅助功能，用以对生产企业日常设施设备的使用、维修、保养、资产状态记录的全生命周期管理。帮助企业合理使用设备。

2. 生产任务管理模块概述

工厂中任何一项生产活动都应该由主管部门发出一张“生产任务单”作为生产部门生产的依据。“生产任务单”上所记载的信息除包括产品名称、生产数量、预计开工日期、完工日期外，还应该说明所要使用的物料清单与工艺路线等信息。“生产任务单”在不同的工厂所使用的名称可能不同，如“工单”、“制造通知单”、“生产命令”等，但其意义及作用则大同小异。

生产任务单的信息作为核算材料用量，确定目标产量，明确生产进度的主要依据，直接控制生产投料、生产领料、产品入库、工序跟踪和工序汇报相关过程和单据的生成，其流程图如图 9–1 所示。

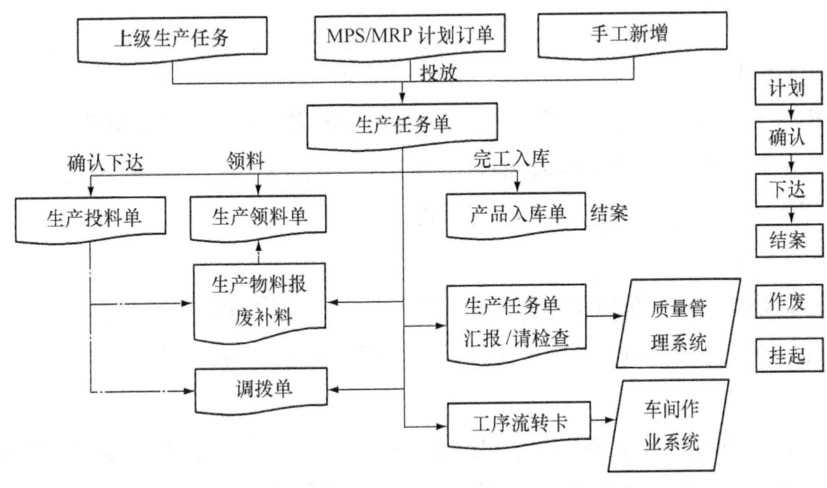

图 9-1　生产任务单流程图

任务二　生产任务执行

一、生产任务单的调整、确认和下达

任务引入

生产部门接到 MPS/MRP 计算出来的生产任务单，可以按照任务要求安排生产，下达生产任务。在下达任务前如有需要对生产任务进行调整，可以对生产任务单的内容进行进一步的修改。例如，调整生产部门、生产类型、BOM 单据等信息。完成调整后，需要对生产任务进行确认。在生产开工时间临近时，可以将相应生产任务下达给车间，进行生产。

操作步骤

（1）在【生产管理】→【生产任务管理】→【生产任务】→【生产任务单—维护】中查询 MPS/MRP 产生的生产任务单。双击任务单，可以对相关信息进行调整。

（2）排定生产任务后，选中相应的生产任务单，单击“确认”按钮。

提问　生产任务单确认后，单击“下查”按钮，请问产生了什么后续单据？

（3）确定生产任务后，对于近期的生产任务，可以单击“下达”按钮，下达生产任务。

操作一点通

确认生产任务前，生产任务上必须指定相应的 BOM 单据，否则无法进行确认操作，会出现错误提示：“单据数据不完整，必须输入 BOM 编号”。缺乏 BOM 说明进行 MRP 计算前 BOM 没有准备好，由于计划已经完成，不能再重新安排，可以在生产任务单上填写相应的 BOM 编号。操作方法：在 BOM 编号输入框中，按 F7 快捷键，选择相应 BOM 并返回。

相关知识

1．生产任务确认

确认任务相当于审核生产任务，可以自动产生生产投料单，当生产类型属性为“普通定单”，生产任务按 BOM 单级展开（子项有虚拟件时继续展开）生成投料单。如果有工序管理的生产类型，还会产生“工序计划单”用于车间作业和工序跟踪。

2．生产任务下达

生产任务下达是指生产任务以指令的形式下达给生产车间作为生产车间可以正式开工的依据。生产任务需要经过下达，才能进行后续的生产领料、加工和完工产品入库。

3．生产投料单

投料单中列出的原材料数量是根据计划产量、BOM 标准用量、损耗率等因素计算出来。投料单起到控制材料用量的作用，实际领料量会自动记录到投料单上，避免重复领料或者超领材料的发生。

4．领料控制和超领处理

实际领料量一般不能大于投料量。有两种例外，一种是原领用材料报废，做了材料报废处理后，经过企业主管同意，可以再次领用相关材料；另外一种是可以在“物料”资料中设置超欠收比例，可以超额领用材料，但是必须在设置的超欠额比例之内。

二、半成品机加工

任务引入

下达生产任务后，机加工车间接到生产任务指令，将按照生产任务单的时间进度和要求组织生产，领用材料，完成加工，并将加工好的半成品或成品入库。根据计划安排进行如下生产。

2014 年 10 月 15 日，为了加工未电镀车圈（28#，未电镀）、未电镀车圈（24#，未电镀），机加工车间张明到原材料仓领用所需原料，何佳发料。

2014 年 10 月 16 日，机加工车间完成加工后，张明将加工完成的半成品送回半成品仓库。何佳验收入库。

2014 年 10 月 16 日，为了加工未电镀辐条（14#，未电镀），未电镀辐条（12#，未电镀），机加工车间张明到原材料仓领用所需原料，何佳发料。

2014 年 10 月 17 日，机加工车间完成加工后，张明将加工完成的半成品送回半成品仓库。何佳验收入库。

操作步骤

（1）操作方法一：由生产任务单下推生成。

在【生产管理】→【生产任务管理】→【生产任务】→【生产任务单—维护】中查询 MPS/MRP 产生的生产任务单。选择相应的生产任务单，下推生产相应的生产领料单和产品入库单。

（2）操作方法二：向上关联生产任务单生成。

在【供应链】→【仓存管理】→【领料发货】→【生产领料单–新增】中新增生产领料单。录入时，单据中“源单类型”选择“生产任务单”，“选单号”选择相应的生产任务单所对应的生产投料单。

在【供应链】→【仓存管理】→【验收入库】→【产品入库-新增】中新增产品入库单。录入时，单据中“源单类型”选择“生产任务单”，“选单号”选择相应的生产任务单。

操作一点通

➢ 生产领料受到生产投料单的控制，无论分几次领料，总领料数量都不能大于生产投料数量。如果因为生产的某些原因，确实需要超量领料。那么需要先修改生产投料单的数量，才能完成领料。

➢ 当下推领料单后发现某物料应发数量为 0，那么说明该产品需要的这种物料对应物料已经全部领出，不能再重复领料。

➢ 多张生产任务单可以一起下推领料单，进行合并领料。但是具有父子关系的物料不能一起领料，因为子项物料未生产，是无法再生产父项物料的。

➢ 输入领料单时，一般不需要输入价格。材料的价格是在存货核算进行计算后得到的。

➢ 当领料需要从多个仓库领用材料时，一般建议按仓库分开多张单据录入。如果需要在一张单据上输入，注意填写单据体中每种物料的领用仓库。

➢ 加工完的产品入库，一般不需要输入价格。加工半成品或成品的价格是由成本管理进行计算后得到的。

➢ 库存查询：领料时，要注意原料的真实存放位置，可以使用“库存查询”功能查看库存。制单时查看库存有以下两种方法。

先确定该物料的仓库栏没有数据，将光标放置在物料的“数量”栏中，按 F12 快捷键，系统会查出该物料存放在哪几个仓库，各自数量是多少。如果仓库栏已经选择了仓库，那么查询结果只会显示指定的仓库中是否有该物料以及数量信息。

先确定该物料的仓库栏有没有数据，将光标放置在物料的“仓库”栏中，按 F12 快捷键，系统不仅会显示该物料的库存，还会将所有仓库的库存都显示出来。如果仓库栏已经选择了仓库，那么查询结果只会显示指定仓库的所有库存物料。

相关知识

1. 产品入库单的作用

产品入库是指企业对经过生产部门生产加工完成的半成品和产成品入库的一种供应链活动。产品入库是企业生产物料内部的流转转换过程。产品入库单是生产物料完工入库的凭证，也是后续核算投入产出情况，计算成本的依据。

2. 生产任务单结案条件

当生产任务单所需要的物料全部领出（实际领用量≥投料量），加工的产品全部入库（实际入库量≥计划生产量）。那么该生产任务单会自动结案。结案的生产任务单不能再进行领料和产品入库处理。如果需要变更，可以手工反结案该生产任务，然后再修改对应的领料单和产品入库单。

3. 生产过程管理需要使用“车间作业管理”模块

生产车间的具体生产作业过程由“车间作业管理”模块进行管理，具体操作方法参考相应模块的文档，限于篇幅和课时的原因，本书在此不再详述。

练习 2014年10月20日，为了加工前轴棍（150mm），机加工车间张明到原材料仓领用所需原料，何佳发料。

2014年10月21日，机加工车间完成加工后，张明将加工完成的前轴棍（150mm）送回半成品仓库。何佳验收入库。

2014年10月22日，为了加工前轮轴承，机加工车间张明分别到原材料仓和半成品仓分别领用所需原料，何佳发料。

2014年10月22日，机加工车间完成加工后，张明将加工完成的半成品前轮轴承送回半成品仓库。何佳验收入库。

三、半成品委外加工

对于车圈和辐条加工，需要进行电镀加工，本企业无相应设备，需要委托外协加工，委外加工具体操作请转到项目十委外加工进行查看。待委外加工完成后，再完成后续生产任务，否则会出现物料数量不足的现象。

四、成品组装加工

任务引入

下达生产任务后，机加工车间接到生产任务指令，将按照生产任务单的时间进度和要求组织生产，领用材料，完成加工，并将加工好的半成品或成品入库。根据计划安排进行如下生产。

2014年10月22日，为了加工车前轮（24英寸）、车前轮（28英寸），装配车间刘百分别到原材料仓和半成品仓分别领用所需原料，何佳发料。

2014年10月22日，装配车间完成加工后，刘百将加工完成的产成品车前轮送回产成品仓库。何佳验收入库。

操作步骤

和半成品机加工流程一样，请参考前面流程。

操作一点通 分仓领料时，要注意原料的真实存放位置，可以使用“库存查询”功能查看库存。查库存的方法请见项目九任务二第二项半成品机加工，或者参考项目十二任务二库存业务查询。

分仓领料可以按不同仓库分开下推领料单，也可以下推一张领料单，合理填写物料明细中的领料仓库。在企业中，具体采用哪种方式，主要看企业仓库是否由不同部门或小组管理。

任务三 生产任务查询

ERP系统也提供了和生产过程有关的多种查询功能和报表，帮助企业查询系统统计生产过程的运行数据，帮助企业发现生产过程中出现的问题，提升生产运营管理水平。

一、生产任务全程跟踪

任务引入

对于生产任务单，需要查询生产执行的情况，查询该任务的投料和产出情况。

操作步骤

选择【生产管理】→【生产任务管理】→【任务单全程跟踪】→【任务单全程跟踪】，双击进入查询窗口。

在“选单”文本框中，单击放大镜按钮，在过滤界面中合理设置过滤条件，查询单据，选择需要查询的生产任务单（可多选）。单击“返回”按钮。

选择对应的生产任务单号，在右侧窗口中可以看到相关任务单的执行情况。

二、足缺料分析

任务引入

生产任务单执行前，常常需要进行原材料是否充足的分析，以确保生产开工时有足够的原材料供应，避免因为缺料影响生产进度。

操作步骤

选择【生产管理】→【生产任务管理】→【报表分析】→【足缺料分析】，双击进入过滤界面。在过滤窗口中，在“数据过滤”栏选择“只显示缺料物料”，在计算方式栏，可以根据自身管理需要选择计算方法。本案例中可以选择“考虑预计量和现有库存”，预计量时间可以选择计划查询的时间范围。在“详细”按钮中可以进一步定义参数。单击“确定”按钮，可以显示缺料物料的情况。

相关知识

足缺料分析功能。足缺料分析实际上就是一个小型的 MRP 运算，将未来物料的变动情况纳入考虑，综合考虑生产任务是否存在物料短缺。

项 目 小 结

生产任务是生产执行的依据，根据 MPS/MRP 计划产生的生产类型物料投放产生生产任务单，也可以根据需要手工新增安排生产任务。ERP 系统中生产任务单不仅明确了生产的对象、产量、时间、工艺等信息，也是生产投料/产出的依据，可以对接车间作业模块，进行加工工艺工序管理。

通过本项目的学习，掌握了生产任务单的基本操作方法，理解生产任务单和投料单、领料单、商品入库单、工序流转卡之间的关系，理解 BOM 和投料产出，以及生产成本之间的关系，掌握材料足缺料分析。

项目十 委外加工管理

项目重点

- 委外加工管理的概念
- 委外加工管理的业务流程与操作方法

任务一 委外加工管理概述

委外加工是企业在产能有限或企业不具备相应资源、技术等情况，将产品的部分工序或半成品外发加工，也叫外协加工。

其有两种基本形式。

（1）工序委外加工，即企业将部分工序外发给加工商进行加工处理。外发的工序较难固定，视企业的生产计划而定，通常是直接由生产线外发生产，不需要经过仓库发料及半成品入库处理，其间不改变物料的产品代码，也称此为工序委外。工序委外加工的处理参见《车间管理作业系统用户手册》。

（2）订单委外加工，为原料或半成品的委外加工处理，通常是企业提供原材料或半成品给加工商，加工商自行采购一些辅料或材料加工成半成品或产品，企业外发材料及接收委外加工品均需要通过仓储部门进行管理，发出的物料及加工后物料通常不为同一物料代码。在企业中委外作业通常由采购部门来进行归口管理。本案例主要讲解订单委外加工方式。其工作流程如图 10–1 所示。

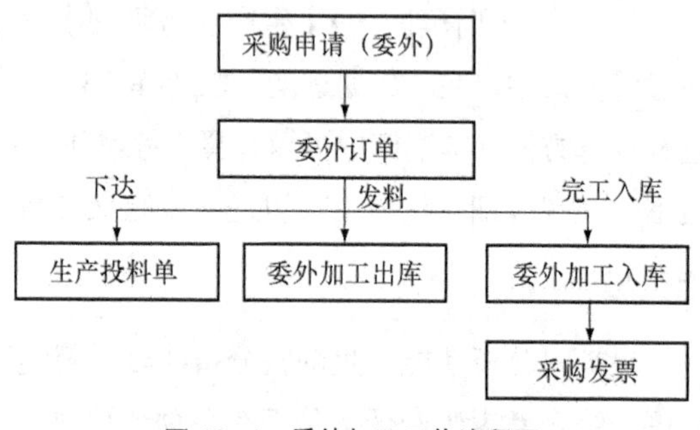

图 10–1　委外加工工作流程图

任务二 委外加工执行

一、委外加工价格管理

任务引入

创世公司采购部除了负责常规物料的采购外，还需要负责委外加工业务的管理，对于委外加工，不仅业务流程和采购业务不同，委外加工价格也和采购价格有较大不同，一般采购商品价格包含了供应商生产该物料的完整的材料、人工、费用的综合成本以及合理利润。而委外加工过程大部分物料都是本企业提供，因此加工价格主要是加工费和加工利润，以及部分生产辅料的材料成本。其价格比直接采购该物料要低很多。企业需要和采购价格严格区分，以免出现错误。对于某些企业同一种物料可能既存在直接采购，又存在委外加工的情况，就更需要加强管理。有效管理委外加工价格也是比较困难的问题。因此采购主管吴伟希望系统能够帮助解决该问题。同时还希望系统能够更有效的帮助管理者监控价格。而 ERP 系统提供了相关解决方案。

操作步骤

选择【系统设置】→【基础资料】→【采购管理】→【采购价格管理】，单击进入采购价格管理窗口。本案例单击“供应商”按钮。在左边导航栏选中相应供应商，然后选择【编辑】→【新增采购价格】或者单击工具栏“新增”按钮。输入表 10–1 中的价格资料。价格资料保存后必须审核才能生效。

表 10–1 中的价格有效期都是从 2014–1–1 至 2100–1–1。

表 10–1　委外加工价格管理实例

物料代码	名称	规格型号	供应商	订货量（从—到）	币别	单价类型	报价	折扣率(%)
02.01.091	辐条	14#	稳固电镀厂	0–0	人民币	订单委外单价	0.1	0
02.01.093	辐条	12#	稳固电镀厂	0–0	人民币	订单委外单价	0.1	0
02.01.102	电镀车圈	28#	稳固电镀厂	0–0	人民币	订单委外单价	3	0
02.01.103	电镀车圈	24#	稳固电镀厂	0–0	人民币	订单委外单价	3	0

操作一点通

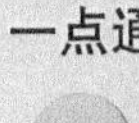

价格资料可以按照两个维度查看和管理：“供应商”和“物料”。可单击左上角的相应按钮进行切换。按“供应商”查看，能够比较方便显示某个供应商供应的所有商品价格；按“物料”查看，能够清楚比较某个物料的多个供应商的供货价格。

相关知识

采购价格类型分为两大类 3 种类型：采购价格类和委外加工价格类。

采购单价：就是指购买物料的价格，该类价格应用于采购类单据。

委外加工类价格又分 2 种，都应用于委外加工类单据。

订单委外单价：指将某半成品或成品的生产加工完全委托外协加工厂加工的价格。

工序委外单价：指将某半成品或成品的某部分生产工序委托外协加工工厂加工的价格。采用该类型，需要在“工序代码”中填写具体外协的加工工序。

二、委外加工审批流程配置

操作步骤

选择【系统设置】→【系统设置】→【委外加工管理】→【审批流管理】，选择“一级审核”图标，在下面的多页框中，找到“用户设置”，将“Administrators”用户组加入右边审批人列表中，并单击左上角“保存”按钮，退出审批流程。

三、标准委外加工流程

任务引入

根据 MRP 计划，产生的委外加工采购申请单执行以下流程。

采购部采购人员崔小燕根据采购协议于 2014 年 10 月 16 日向稳固电镀厂下委外加工订单，委托加工电镀辐条（14#）、电镀车圈（28#），加工价格按协议价执行，约定 10 月 22 日到货。

仓管部何佳 10 月 17 日备好所需原料，安排车辆发运给外协厂。

10 月 21 日加工完成后，稳固电镀厂将成品送回，仓库管理员何佳初步检验合格后入库，放入半成品仓。

10 月 21 日收货同时收到对方开来的销售增值税发票，金额同委外订单，增值税率为 17%。

业务流程

业务流程如图 10-2 所示。

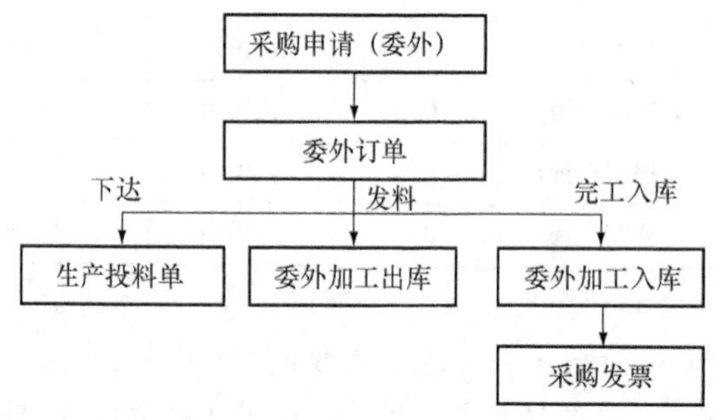

图 10-2　委外加工业务流程图

操作步骤

1. 采购申请单下推委外订单

选择【供应链】→【委外加工】→【采购申请】→【采购申请单—维护】，查询 MRP 产生的委外加工采购申请单。

多行选择电镀辐条（14#）、电镀车圈（28#），选择菜单【下推】→【生成 委外订单】，在委外订单中填写相关内容。

> **操作一点通**　采购申请单也可以在“采购管理”模块中查询，和委外加工看到的信息一致。

2. 委外订单下推委外加工出库单

选择【供应链】→【委外加工】→【委外订单】→【委外订单—维护】，单击进入委外订单查询窗口，选择已经生成的委外订单，下推委外加工出库单。

多行选择电镀辐条（14#）、电镀车圈（28#），选择菜单【下推】→【生成 委外加工出库单】，在委外加工出库单中填写相关内容。

3. 委外订单下推委外加工入库单

选择【供应链】→【委外加工】→【委外订单】→【委外订单—维护】，单击进入委外订单查询窗口，选择已经生成的委外订单，下推委外加工入库单。

多行选择电镀辐条（14#）、电镀车圈（28#），选择菜单【下推】→【生成 委外加工入库单】，在委外加工入库单中填写相关内容。

4. 委外加工入库单下推采购发票

选择【供应链】→【委外加工】→【委外入库】→【委外加工入库单—维护】，单击进入查询窗口，选择已经生成的委外加工入库单，下推购货发票（专用）。

多行选择电镀辐条（14#）、电镀车圈（28#），选择菜单【下推】→【生成 购货发票（专用）】，在发票中填写相关内容。

相关知识

1. 委外加工业务流程的特点

委外加工流程兼具采购和生产任务管理的流程特点。业务有类似采购的采购申请、委外订货、通知收货、委外入库、发票处理等业务；也有类似生产的委外材料发出的功能。

2. 委外加工和采购的区别

区别主要是：采购直接购买货物，价格为商品价格，委外加工还需要先发全部或部分加工材料，然后收回加工的成品，价格主要为加工费用。

练习　根据 MRP 计划产生的委外加工采购申请单，执行以下流程。

采购部采购人员崔小燕根据采购协议于 2014 年 10 月 20 日向稳固电镀厂下委外加工订单，委托加工电镀辐条（12#）、电镀车圈（24#），加工价格按协议价执行，约定 10 月 22 日到货。

仓管部何佳 10 月 20 日备好所需原料，安排车辆发运给外协厂。

10 月 22 日加工完成后，稳固电镀厂将成品送回，仓库管理员何佳初步检验合格后入库，放入半成品仓。

10 月 22 日收货同时收到对方开来的销售增值税发票，金额同委外订单，增值税率为 17%。

项 目 小 结

委外加工是工业企业常用的一种特殊生产形式，它委托外部企业代为加工，又要控制加工的工艺和材料用量，结算的费用主要是加工费用和部分材料费用。业务模式既有采购业务的一些特点，又有生产任务的一些特点。

通过本项目学习，掌握委外加工标准流程和制单方法，理解委外和采购的业务区别，掌握委外加工价格管理和委外加工的材料投入产出控制。

项目十一 销售管理

项目重点

- 销售价格管理
- 销售信用管理
- 销售业务处理流程与操作方法
- 销售报表与分析

任务一 销售资料设置

一、销售价格管理

任务引入

销售是企业生存的根本问题，制定合理的价格策略是促销能否成功的关键问题。创世公司销售部也不断进行促销方式的尝试，销售价格也会时常随促销方案的改变而波动。多种促销方式采用时，价格管理的难度就增加了，一物多价，价格更新不及时等情况时有发生，造成了一些执行的错误和不便。销售主管路元希望系统能够提供价格管理工具，帮助企业管理多变的价格。主要要求有：企业采用统一出厂价管理，对不同级别客户采用一定的价格优惠折扣，价格会定期调整。

操作步骤

（一）价格参数设置

选择【供应链】→【销售管理】→【价格管理】→【价格参数设置】，单击进入销售价格参数设置窗口，设置参数如下。

供应链→销售管理→价格资料→价格参数设置

修改控制：选择“给于提示”。

价格取数：选择“客户＋物料”。

折扣取数：选择“客户＋物料”。

限价控制：最低限价控制强度选择“取消交易”，最低限价控制点选择“保存时”。

应用场景如表 11-1 所示。

表 11-1 销售价格管理应用场景设置实例

	进行特价价格政策取数	进行基本价格方案取数	进行价格控制
销售报价单	√	√	√
销售订单	√	√	√
销售发票	√	√	√

除以上 3 种单据外，其他单据不控制价格，取消√。

其他设置如下。

启动价格折扣管理	√
价格管理资料是否含税	取消√
价格管理资料自动审核	保存即自动审核
销售单价与蓝字发票价格同步	取消√
销售订单自动更新价格资料	不更新
销售订单反写的价格管理资料状态	未审核
销售报价单反写价格管理资料状态	未审核
销售订单自动更新价格资料转换为基本计量单位	√
可销物料控制	取消√

相关知识

1. 修改控制页签

修改控制是指对单据中所取到的价格政策信息是否允许修改以及控制强度等参数的设置。价格的修改只包括修改价格字段信息，不包括折扣率，系统会根据设定的控制强度进行控制。

在“修改控制”标签页中，当选择“禁止修改”时，说明价格和折扣率是不允许被修改，系统将在相关控制单据锁定相关字段。

当选择“密码控制”时，需要通过密码认证才能成功修改价格和折扣率信息并成功保存单据。

当选择“给予提示”时，仅在用户操作中修改价格和折扣率后保存单据时给予提示信息，但是仍然可以成功保存单据。

当选择“不予控制”时，对价格和折扣率的修改不进行任何控制。

2. 价格取数页签

在“价格取数”标签页中，用户可以对 5 种价格政策组合形式进行具体组合形式的应用选择以及具体形式下取数优先级的设置。这样可以实现对同一客户或业务员具有多个不同价格政策设置组合形式时，完全由用户自己定义取数的优先规则的灵活应用。

系统提供了 5 种价格组合形式：“客户 + 物料”、“客户类别 + 物料”、“VIP 组 + 物料”、“业务员 + 物料”、“业务员类别 + 物料”。首先用户可以根据自己的业务情形来选择自己可能应用的价格规则的组合形式，可以通过选择对应组合形式的取数按钮，即表示用户要应用的价格政策规则的组合形式；其次系统默认以上组合的优先级次依次对应的行序号为 1、2、3、4、5，数字越小表示取数的优先级越高，用户可以根据自己的业务应用情形通过界面右侧的‘↓’、‘↑’按钮进行具体组合形式优先级的调整，通过不断单击‘↑’键可以不断提高当前光标所在组合形式行的优先级水平，通过不断单击‘↓’键可以不断降低当前光标所在组合形式行的优先级水平。

3. 折扣取数页签

在“折扣取数”标签页中，用户可以用来对 10 种折扣政策组合形式进行具体组合形式的应用选择以及具体形式下取数优先级的设置。

系统提供了10种折扣组合形式："客户+物料"、"客户+物料类别"、"客户类别+物料"、"客户类别+物料类别"、"VIP组+物料"、"VIP组+物料类别"、"业务员+物料"、"业务员+物料类别"、"业务员类别+物料"、"业务员类别+物料"。首先用户可以根据自己的业务情形来选择自己可能应用的价格规则的组合形式，可以通过选择对应组合形式的取数按钮即表示用户要应用的价格政策规则的组合形式；同时系统默认以上组合的优先级次依次对应的行序号为1、2、3、4、5、6、7、8、9、10，数字越小表示取数的优先级越高，用户可以根据自己的业务应用情形通过界面右侧的'↓'、'↑'按钮进行具体组合形式优先级的调整，通过不断单击'↑'键可以不断提高当前光标所在组合形式行的优先级水平，通过不断单击'↓'键可以不断降低当前光标所在组合形式行的优先级水平。

4. 限价控制页签

该页签专门处理限价控制选项和控制方式，主要设置销售最低限价控制强度，该选项包括四个参数值：不控制、预警提示、密码控制、取消业务。

当选择"不控制"时，在单据（指在价格参数"应用场景"里面设定了价格控制的单据）录入和价格资料里面录入保存或审核时都不会判断最低限价。

当选择"预警提示"时，则在单据（指在价格参数"应用场景"里面设定了价格控制的单据）录入和价格资料里面录入低于限价的价格时，会在相应控制时点（保存或审核时）进行预警提示，如果用户选择"是"，则允许继续操作；选择"否"，则不允许继续操作。

当选择"密码控制"时，则在单据（指在价格参数"应用场景"里面设定了价格控制的单据）录入和价格资料里面录入低于限价的价格时，会在相应控制时点（保存或审核时）进行预警提示，并要求输入密码，如果密码输入正确，则该操作可以继续；如果密码输入不正确，则不允许继续操作。

如果选择"取消业务"时，则在单据（指在价格参数"应用场景"里面设定了价格控制的单据）录入和价格资料里面录入低于限价的价格，保存或审核时会有提示，并不允许继续操作。

5. 销售最低限价控制时点

该选项包括两个参数值：保存时、审核时，此选项是用于决定限价预警的调用时点。当选择"保存时"，则在单据（指在价格参数"应用场景"里面设定了价格控制的单据）录入低于限价的价格后，在保存时进行最低限价控制；当选择"审核时"，则仅在用户审核单据（指在价格参数"应用场景"里面设定了价格控制的单据）时进行限价相应控制；如果用户选择审核时预警，且启用了多极审核时，则只在业务级次审核时进行限价预警。

该选项是和"销售最低限价控制强度"结合应用的，即前提必须为"销售最低限价控制强度"选择"预警提示"或"取消业务"时，才会在保存或审核时调用限价控制，如果"销售最低限价控制强度"选择了"不控制"则无论保存还是审核均不须再加此控制。

6. 应用场景

"应用场景"页签用来设置价格政策管理取数要应用的单据类型以及是否执行价格控制，关联单据是否重新取价格政策等的灵活组合应用，可以完全根据用户的灵活需求进行灵活设置应用。其设置应用的单据种类有销售报价单、销售订单、发货通知单、退货通知单、销售出库单、销售发票。

7. 是否进行特价价格政策取数选项

该选项用于设置是否按照特价进行价格取数。如果对应单据类型未选择该列选项，则表示在该单据中将不执行特价价格政策信息取数；如果选择，则表示要对该单据进行特价价格政策取数。

销售报价单：表示可以设置在销售报价单中进行特价价格政策取数。

销售订单：表示可以设置在销售订单中进行特价价格政策取数。

销售出库单：表示可以设置在销售出库单中进行特价价格政策取数。

销售发票：表示可以设置在销售发票中进行特价价格政策取数。

发货通知单：表示可以设置在发货通知单中进行特价价格政策取数。

退货通知单：表示可以设置在退货通知单中进行特价价格政策取数。

以上各单据应用场景中“进行价格政策取数”选项可以任意组合进行复选，有单据的默认状态为选中，具体选择时单击表示选择，再单击即表示取消选择。

8. 是否进行基本价格政策取数选项

该选项用于设置是否按照基本价格进行价格取数。如果对应单据类型未选择该列选项，则表示在该单据中将不执行基本价格政策信息取数；如果选择，则表示要对该单据进行基本价格政策取数。

销售报价单：表示可以设置在销售报价单中进行基本价格政策取数。

销售订单：表示可以设置在销售订单中进行基本价格政策取数。

销售出库单：表示可以设置在销售出库单中进行基本价格政策取数。

销售发票：表示可以设置在销售发票中进行基本价格政策取数。

发货通知单：表示可以设置在发货通知单中进行基本价格政策取数。

退货通知单：表示可以设置在退货通知单中进行基本价格政策取数。

9. 是否进行价格控制选项

现有系统下对于价格管理的控制主要有：最低价控制、修改控制设置、可销物料控制等。系统允许用户根据自己的业务所需来确定是否在具体单据上进行相应的控制。如果用户选择了在某种单据上进行价格控制选项，意味着在单据保存时将对最低价控制、修改控制设置、可销物料控制等进行判断处理。如果未选择价格控制选项，意味着在单据保存时不再执行最低价控制、修改控制设置、可销物料控制等的判断，直接进行单据信息的成功保存。

结合“是否进行价格政策取数”的选项来讲，如果选择了价格政策取数又选择了价格控制，表示对其价格政策数据信息执行最低价控制、修改控制设置、可销物料控制等；如果选择了价格政策取数而没有选择价格控制，表示直接保存，不做上述判断控制；如果没有选择价格政策取数而选择了价格控制，表示直接保存，不做上述判断控制。

10. 其他页签

在“其他”标签页中，提供 9 个可选项，本书介绍 2 个关键参数，详见下面描述，其他参数请参考帮助文档。

（1）启用价格折扣管理。如果选择“启用价格折扣管理”选项，则在销售业务单据处理时，销售价格和折扣选项的传递、自动更新等功能都对应【系统设置】→【基础资料】→【销售管理】→【价格资料维护】和【系统设置】→【基础资料】→【销售管理】→【折扣资料维护】的信息。如果不选择该选项，则系统提供的传递、自动更新等功能都对应【基础资料】→【公共资料】→【物料】中的“销售单价”基本信息。

（2）价格管理资料是否含税。选中该选项时，销售价格管理资料中的报价为含税价，携带时带到订单、发货通知单、出库单、销售（专用）发票的含税价字段，反写时，也是将订单或发票中的含税价写回价格管理资料。不选中该选项时，价格管理中的报价为不含税价，携带时带到订单、发货通知单、出库单、销售（专用）发票的不含税价字段，反写时，也是将订单及发票单据中的不含税价写回价格管理资料。

操作步骤

（二）销售价格录入

（1）选择【供应链】→【销售管理】→【价格管理】→【价格政策维护】，单击进入销售价格维护窗口。按以下步骤制定销售价格。

先保存价格政策头部信息（如表 11-2 所示）才能继续录入下面的内容。

表 11-2　销售价格方案价格政策头部信息设置实例

价格政策编号:	001	价格政策名称:	2014 年销售报价
优先级:	0	组合类型:	客户 + 物料

（2）对着树形结构客户单击右键，选择“批量新增”，增加如表 11-3 所示的价格资料。

销售价格资料的生效日期：2014 年 1 月 1 日，失效日期为：2100 年 1 月 1 日。

表 11-3　销售价格设置实例

物料代码	物料名称	规格型号	单位	数量段（从）	数量段（到）	报价
04.01.001	HUB 头盔	X3 银灰 280g	个	0	0	85
04.01.002	HUB 头盔	X3 玫红 280g	个	0	200	95
04.01.002	HUB 头盔	X3 玫红 280g	个	201	999 999	90
03.01.012	车前轮	28 英寸	个	0	0	70
03.01.013	车前轮	24 英寸	个	0	0	60

（3）选择相应物料，单击“价控”按钮，设置如表 11-4 所示的最低限价。

表 11-4　销售限价设置实例

物料代码	物料名称	规格型号	限价应用范围	限价币别	最低限价	最低价格控制
04.01.001	HUB 头盔	X3 银灰 280g	所有类别	人民币	70	√
04.01.002	HUB 头盔	X3 玫红 280g	所有类别	人民币	80	√
03.01.012	车前轮	28 英寸	所有类别	人民币	60	√
03.01.013	车前轮	24 英寸	所有类别	人民币	50	√

相关知识

1. 制定价格政策的作用

价格政策也叫价格方案，它是企业在某个时期一批商品价格的集合。采用价格方案可以更加方便价格管理。例如，一个商场可能有 1 万种商品价格，在国庆节促销时计划对 2 000 种商品打折促销，国庆节结束后要恢复原价。如果采用直接改价格的管理模式，操作麻烦，容易出错。这时可以改变管理方式，将基准价格制作为一个价格政策，再将国庆节促销价格制作为一个价格方案，在促销期间将国庆节促销价格优先级调高，替换原有价格，促销结束后再调整回来就可以轻松实现价格管理。

2. 价格政策优先级

价格政策的优先级决定价格确定的顺序，因此不同方案的优先级不能相同，金蝶 K/3 ERP 系统中优先级数值越小优先级越高。

3. 梯级销售价格录入

如果销售报价没有数量段的差别，则可以默认为 0，不用修改。

4. 价格类型

价格类型选择为空，如果选择零售价，则仅对 POS 系统有效，销售管理系统的单据都有效。如果选择零售价，则价格仅对销售 POS 系统有效。

二、应收系统初始化

任务引入

如同采购与应付系统的关系一样，销售和应收系统也有紧密联系。在【系统设置】中，如果勾选“若应收应付系统未结束初始化，则业务系统发票不允许保存”，那么在销售系统启用前，需要完成应付款管理初始化并启用，否则可跳过本节。

操作步骤

（1）依次选择【系统设置】→【系统设置】→【应收款管理】→【系统参数】，进入应收系统参数设置页。

单击“科目设置”页，制定应收系统主要单据对应的会计科目，如表 11-5 所示。

表 11-5 应收系统初始化会计科目设置实例

其他应收款	1 133	其他应收款	销售发票	1131	应收账款
收款单	1 131	应收账款	退款单	1131	应收账款
预收单	2 131	预收账款	应收票据科目	1111	应收票据
应交税金科目	2 171.01.05	应交税金——应交增值税——销项税额			
核算项目	客户				

单击“坏账记提方法”页，设置以下参数。

坏账计提方法：备抵法；

坏账损失科目代码：5502 管理费用；

坏账准备科目代码：1141 坏账准备；

备抵法选项：应收账款百分比法。

（2）录入应收款初始数据。在企业应用时，

操作一点通

选择的往来类科目必须是受“应收应付系统”控制的科目，如果没有设置，系统保存会提示错误。发生这种情况，请检查相应科目的设置，参考项目二任务三科目部分内容进行修改。

在启用系统时，都有未完成收款的应收账款情况，可在【系统设置】→【初始化】→【应收款管理】中录入相应的应收款资料。具体录入方法参考金蝶 K/3 财务会计模块帮助文档，本书不再详述。

本案例假设该公司启用期间无未收款的应收款项。跳过本步骤，结束应收账款初始化。

（3）结束应收系统初始化。依次选择【财务会计】→【应收款管理】→【初始化】→【结束初始化】，在“需要查看初始化检查结果？”提示界面中单击“否”按钮，跳过初始化检查。在“初始化对账提示？”提示界面中单击“否”按钮，跳过初始化对账检查。系统提示“系统启用成功”，完成应收系统初始化工作。

操作一点通

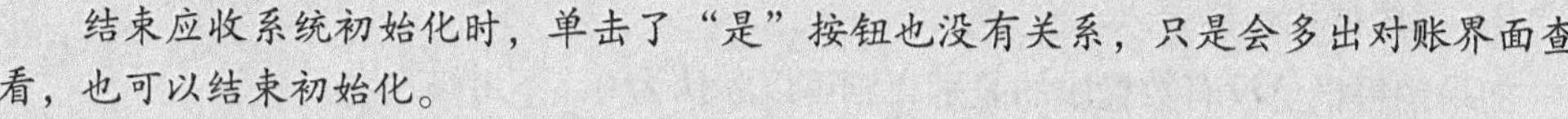

结束应收系统初始化时，单击了“是”按钮也没有关系，只是会多出对账界面查看，也可以结束初始化。

应收系统未结束初始化，不能录入后续的销售发票，也不能实现信用管理功能。

三、信用管理

任务引入

销售回款是销售管理的又一大难题，采用赊销方式虽然能够促进销售，但是销售风险也随之增大，客户能否及时支付销售货款会严重影响企业的现金流，甚至影响企业生存。这个问题越来越受到企业的重视。解决该问题的主要方法是采用信用管理，虽然并不能完全杜绝坏账的发生，但是可以控制风险，把坏账风险尽可能降低。

信用管理主要是提供企业设置信用标准和制定信用政策，以集中进行应收账款管理。作为销售管理的组成部分，应收账款是企业流动资产的一个重要项目，是企业提供商业信用，采取赊销、分期收款等销售方式，以扩大销售、增加利润的产物。但应收账款的不当增加，会造成资金成本、坏账损失等费用的增加。因此，应收账款管理的基本目标，就是在发挥其功能的基础上，降低应收账款投资的成本，使提供商业信用和扩大销售所增加的收益大于有关的各项费用。

操作步骤

1. 修改需要进行信用管理的客户资料

依次选择【系统设置】→【基础资料】→【公共资料】→【客户】，设置客户资源的信用管理开始参数，如表 11–6 所示。

表 11–6　客户是否采用信用管理的参数设置实例

代码	名称	是否进行信用管理
01.01	北京大城车行	√
01.02	行者自行车俱乐部	√

2. 信用资料准备

依次选择【供应链】→【销售管理】→【信用管理】→【信用管理维护】，设置客户资源的信用管理开始参数。

（1）先单击“工具”中的“启用”菜单，启用信用额度管理。

（2）设置客户信用额度。

① 左边树形导航栏中双击“北京大城车行”，设置信用额度，如表 11–7 所示。

表 11–7 “北京大城车行”客户信用资料设置实例

代码	名称	信用级次	信用额度	期限控制	信用期限	现金折扣（%）
01.01	北京大城车行	B	20 000.00	信用天数	10	3.00
					30	1.00

② 左边树形导航栏中双击“行者自行车俱乐部”，设置信用额度，如表 11–8 所示。

表 11–8 “行者自行车俱乐部”客户信用资料设置实例

代码	名称	信用级次	信用额度	期限控制	信用期限	现金折扣（%）
01.02	行者自行车俱乐部	A	100 000.00	信用天数	10	3.00
					30	1.00

3. 信用参数设置

（1）单击“工具”菜单中的“选项”，设置信用参数如下。

信用管理对象：客户；

信用控制强度：取消交易。

（2）单击“工具”菜单中的“公式”，设置信用额度计算公式。

树形菜单中选中

销售订单 √

信用额度 √

信用额度= 勾选所有公式项目

4. 设置销售系统参数

依次选择【系统设置】→【系统设置】→【销售管理】→【系统设置】，单击“销售系统选项”，设置如下参数。

销售系统税率来源：客户。

相关知识

1. 信用管理需要应收系统做支撑

信用管理主要是进行应收账款的管理，因此在工业供应链中要使用信用管理，应先启用应收款系统。当用户使用信用管理时，系统检测应收款系统是否结束初始化，并给予如下提示：“应收应付系统尚未结束初始化，建议最好在应收应付结束初始化后再使用信用管理”。

2. 信用管理的 3 大维度

信用金额，又称“信用限额”，是指企业授予其基本客户一定金额的信用限度，就是在规定的一段时间内，企业赊销信用限额以内的商品，并且及时付款后可以循环使用该额度。其和信用卡的管理类似，允许赊销的大多数企业都会采用信用额度的方法控制信用风险。

信用数量，指企业授予其客户信用范围时，还要制定赊销商品的种类和数量限制，也起到控制信用风险的作用，但是更加细致到对可售商品的控制。这种方式使用较少，在某些行业商品销售紧俏，或者需要做市场销量控制的时候采用。

信用期限，不论是信用金额控制，还是信用数量控制，都需要对赊销后的账期进行管理。确定具体还款时间。金蝶系统中信用期限可以按天计算，也可以按月计算，有较高的灵活度。

3. 现金折扣

为了促进销售回款，企业常常采用回款折扣的激励方式。本案例 10 天 3%，就是说 10 天内付款，还可以在总价上享受 3%的折扣。

4. 信用公式的设置

对信用额度、信用期限、信用数量等信用控制标准的数据控制当然要有对应的计算公式。金蝶 K/3 ERP 提供用户自定义公式的功能，即由用户在系统确定计算公式的基础上对公式进行适当的自定义改动，让用户自主选择指标参与计算。这种自定义是适当的，而不是任意自定义，既让用户能够按自身实际业务处理特点自主地选择计算数据，又能保证计算数据科学合理，符合数据处理逻辑，还可以使用户对所计算数据的来源一目了然，更加深对信用管理的认识，从而加强对业务数据处理的控制。

任务二 销售业务处理

一、标准销售流程

任务引入

国内市场部销售人员万明 2014 年 9 月 15 接到北京大城车行的订单，订购 HUB 头盔（X3 银灰 280g）60 个，HUB 头盔（X3 玫红 280g）40 个，要求 2014 年 9 月 25 日送货到客户。国内市场部主管路元审核该订单。

2014 年 9 月 20 日万明通知仓库包装备货，准备寄送。

2014 年 9 月 22 日仓管部仓管员何佳从产成品仓完成货物出库托运，按先进先出的原则选择批次。

同日，财务部会计满军开出增值税发票一并寄送给客户。

委托深圳快运公司运输，支付托运费 300 元，费用由本公司承担。

业务流程

根据案例的描述，我们把销售分为以下几个业务流程，如图 11-1 所示。

其中，除收款单外，其他单据在销售系统处理。发货通知单可以根据企业需要选择是否使用。当然，销售出库单也可以在仓存系统新增。

为方便讲解，后续所有操作以同一用户身份模拟各业务环节操作。

销售模块在单据制作时，采用上拉/向上关联的方式制作单据，和下推达到的是相同的效果。

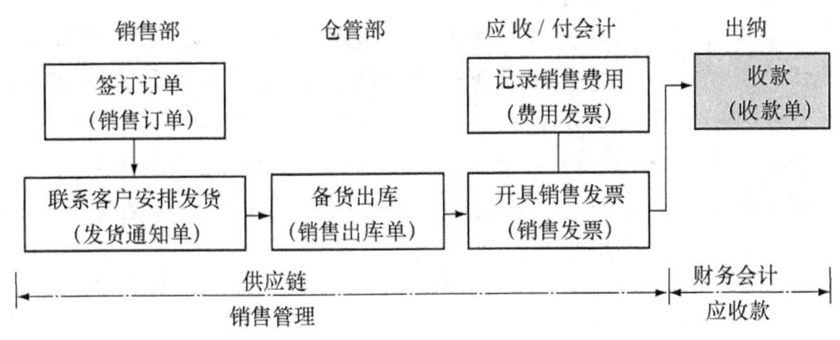

图 11-1 销售管理标准业务流程

操作步骤

（一）新增销售订单

选择【供应链】→【销售管理】→【销售订单】→【销售订单—新增】，单击进入销售订单新增窗口，填制单据内容，保存后，由主管人员审核。

提问

1. 该 HUB 头盔的默认价格各是多少？
2. 如果客户希望追加订购 HUB 头盔（X5 蓝色 278g）200 个，价格 150 元，销售员能否接下该订单？能否保存该订单？如何利用系统获得该信息？

操作一点通

当销售订单保存后，可以在此界面上直接审核，或者在单据查询界面审核。本案例未启用多级审核功能，因此每单据只须审核一次即可通过。注意“制单”、“审批人”和“审批时间”栏是系统自动填写，不能修改。“制单”填写当期操作用户，“审批人”填写当前进行审批操作的用户，“审批时间”填写审核时服务器的系统时间。

相关知识

销售订单的作用。销售订单是销售契约成立的重要单证，是企业重要的对外使用单据，常常需要买卖双方签字确定。其中，客户、物料、数量、价格、税率、交货日期、币别、汇率是必须要有的关键信息。另外往往还需要约定付款结算的方式和日期。

操作步骤

（二）发货通知单上拉生成

选择【供应链】→【销售管理】→【发货通知】→【发货通知单—新增】，单击进入发货通知单新增窗口。首先选择“源单类型”为“销售订单”，再在“选单号”输入框按 F7 快捷键，找到相应的销售订单，单击返回（注意：多行单据需要多选后再返回）。补充完成相关内容，保存后，由主管人员审核。

录入的发货通知单可以在【供应链】→【销售管理】→【发货通知】→【发货通知单—维护】界面中查询或修改。

操作一点通

根据销售订单进行发货时，填写销售订单必须体现和发货通知单之间的关联关系。关联是指单据之间建立的一种传递业务信息的关系，即在连续的业务处理过程中，将某一流程单据的业务信息传递给下一流程单据，使二者之间保持业务的连续性，同时也减少大量相同信息的重复录入，包括上拉式和下推式两种关联方式。

在“选单号”输入框按F7快捷键列出的单据都是已审核未关闭的单据，表示单据已经被确定认可还没有执行。已关闭或者未审核的单据是不会列出的。

价格方面的信息在发货通知单可以不用输入。

相关知识

发货通知单的作用。发货通知单是企业销售部门在销售产品向客户发货时，向仓库发出的发货通知单，一般作为仓储部门备货的依据，是销售系统与仓存系统连接的关键接口。该单据一般是由销售部门制作，交给仓库部门执行。有的时候，企业为了控制风险，采用客户预付全款或部分货款才能发货的管理模式，这时财务部门也会在确认收款完成后，制作或审核发货通知单，告知仓库可以发货。

操作步骤

（三）销售出库单上拉生成

选择【供应链】→【销售管理】→【销售出库单】→【销售出库单—新增】，单击进入销售出库单新增窗口，首先选择“源单类型”为“发货通知单”，再在“选单号”输入框按F7快捷键，找到相应的发货通知单，单击返回（注意：多行单据需要多选后再返回）。补充完成相关内容，保存后，由主管人员审核。

录入的销售出库单可以在【供应链】→【销售管理】→【销售出库单】→【销售出库单—维护】界面中查询或修改。

操作一点通

当出库采用批次管理的货物，必须选择“批号”，在批号输入栏中，按F7或F12快捷键，就可以查看库存货物的批次和数量情况。

相关知识

销售出库单的作用。销售出库单是确认销售发货完成的单据。一般该单据会打印多联单，发货同时交付客户，客户签收确认返回时作为收款的重要凭证。该单据录入审核完成后库存数量会进行调整。

操作步骤

（四）销售发票上拉生成

选择【供应链】→【销售管理】→【销售发票】→【销售发票—新增】，单击进入销售发票新增窗口，首先根据发票类型（增值税票/非增值税票）在单据左上角切换发票类型，再选择“源单类型”为“销售出库单”，再在“选单号”输入框按F7快捷键，找到相应的销售出库单，单击返回按钮（注意：多行单据需要多选后再返回）。补充完成相关内容，保存后，由主管人员审核。

录入的销售发票可以在【供应链】→【销售管理】→【销售发票】→【销售发票—维护】界面

中查询或修改。

操作一点通

在新增采购发票时，默认打开的是专用发票界面，可以单击右上角的下拉框切换。

采用销售和应收账款管理一体化运作时，录入发票时需要录入“往来科目”字段，选择往来类科目，一般选择“应付账款”。

提问　录入完成后，请观察销售发票含税单价、税额各是多少？如何计算出来？

相关知识

销售发票的作用。销售发票是企业销售产品时销售部门开具的发票，是财务上非常重要的一种原始单据。销售发票在形式上分为专用和普通两种，它们的区别在于专用发票涉及增值税，而普通发票不涉及，具体可以按用户实际情况选择。不管是专用发票还是普通发票也分两种，即蓝字、红字发票，它们的生成方式也有所不同。蓝字发票是真正的销售发票，而红字销售发票则是指退货发票（普通发票在格式上只比专用发票少了几个和增值税有关的项目，其他操作相同，故本节以专用销售发票为例讲解）。

销售发票是销售系统的关键操作，它涉及收款和确定销售成本，所以是销售系统与金蝶 K/3 系统的应收账款子系统和存货核算子系统的接口。

操作步骤

（五）费用发票连属生成

选择【供应链】→【销售管理】→【费用发票】→【费用发票—新增】，单击进入销售费用发票新增窗口，首先在发票类型栏选择“应付费用发票”，再在“销售发票号”输入框按 F7 快捷键，找到相应的销售发票，单击返回。往来科目选择“应付账款”补充完成相关内容，保存后，由主管人员审核。

录入的费用发票可以在【供应链】→【销售管理】→【费用发票】→【费用发票—维护】界面中查询或修改。

操作一点通

销售发生的费用是我方支付，就直接填写应付费用发票，支付给承运第三方。如果费用是我方垫付，还要填写应收费用发票，后期向客户收钱。

销售发票和费用发票的关系不是上下级关系（下推关系），而是伴随发生的关系，金蝶系统中称为连属关系。

相关知识

销售费用发票的作用。销售费用发票记录销售过程中发生的相关费用。如果出现代收代付销售费用的情况，还要记录销售费用属于应收/应付的类型，以方便财务进行收付款处理。

练习　行者自行车俱乐部于 2014 年 9 月 10 日向国内市场部业务员万明按照协议价购买

HUB头盔（X5蓝色278g）40个，约定9月23日前交货。按照标准售价保存并审核销售订单，30天后现金结算。

2014年9月21日国内市场部万明通知仓管员何佳准备发货。

2014年9月23日何佳从产成品仓将货物发给客户，按先进先出的原则选择批次。

2014年9月26日，财务部会计满军开出销售增值税发票寄送给客户。

发货当日，委托深圳快运公司运输，支付托运费100元，费用代客户垫付。

二、已排产成品销售交付

任务引入

前面项目四任务三销售接单中，接到顺德天宇自行车厂的订单，销售前车轮（24英寸）120个，不含税价50元，前车轮（28英寸）90个，不含税价60元，增值税税率17%，交货日期为2014年10月30日，送货上门，运费客户承担。根据交货要求，完成交货流程。

2014年10月24日万明通知仓库包装成品备货，准备寄送。

2014年10月27日仓管部仓管员何佳从产成品仓完成货物出库托运。

同日，财务部会计满军开出增值税发票一并寄送给客户，发票金额同销售订单。

业务流程

同项目十一任务二标准销售业务流程。

操作步骤

销售订单已签订，无须重复录入。其他操作步骤参考项目十一任务二标准销售流程。

练习 前面项目四任务三MPS计划编制中，已经接到订单（国内市场部万明于2014年10月15号和成都益海自行车行签订订单，销售前车轮（24英寸）50个，不含税价50元，前车轮（28英寸）20个，不含税价60元，增值税税率17%，交货日期为2014年10月29日，委托物流公司托运发货），根据交货要求，完成后续交货流程。

2014年10月23日万明通知仓库包装成品备货，准备寄送。

2014年10月24日仓管部仓管员何佳从产成品仓完成货物出库托运。

同日，财务部会计满军开出增值税发票一并寄送给客户，发票金额同销售订单。

三、退货处理流程

任务引入

2014年10月5日，国内市场部接到北京大城车行的投诉，前面（项目十一任务二标准销售业务）购买的HUB头盔的部分产品有质量问题，准备退回银灰色10个，玫红色5个，万明通知仓库准备接收退回货物。预计2014年10月10日左右收到退货。

仓库管理员何佳于2014年10月8日收到退货，将退回货物暂时放入返修仓，等待检查维修。批号为原货物批次批号。

客户决定不再继续购买该产品，要求退款。质检部确认是产品质量问题后通知财务部退款。财务部于 2014 年 10 月 10 日在系统中记录红字发票，作为办理退款的依据。商品的退款价格为原订货价格。

业务流程

根据案例的描述，我们把销售退货分为以下几个业务流程，如图 11-2 所示。

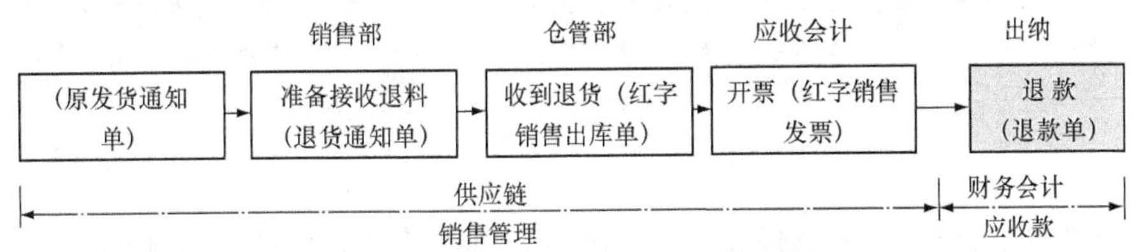

图 11-2 销售接受退货退款处理流程

其中，除退款单外，其他单据在销售系统处理。

操作步骤

（一）退货通知单

选择【供应链】→【销售管理】→【退货通知】→【退货通知单—新增】，进入新增界面，首先选择“源单类型”为“发货通知单”，再在“选单号”输入框按 F7 快捷键，找到相应的发货通知单，单击返回（注意：有多个物料退回时需要多选后再返回），补充完成相关内容，保存后，由主管人员审核。

录入的退货通知单可以在【供应链】→【销售管理】→【退货通知】→【退货通知单—维护】界面中查询或修改。

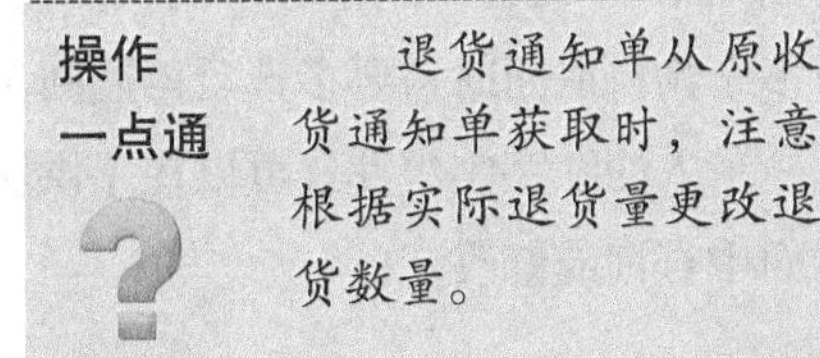

相关知识

退货通知单的作用。退货通知单是处理由于质量不合格、价格不正确等因素，或与销售订单或合同的相关条款不相符等原因，购货单位将销售货物退回的业务单据，是发货通知单的反向操作单据。退货通知单的反向作用主要表现在作为发货通知单的反向执行单据，可以作为红字销售出库单的源单据，执行退货操作。另外，由于退货通知单一部分反映了产品质量中的不合格情况，因此对企业的产品质量管理具有重要参考价值。同时，在涉及集团内部的分销业务处理中，它与发货通知单一起作为处理集团内部购销业务和集团内部调拨业务的重要单据，在集团企业账套间相互传递，以完成业务流程、相互沟通业务信息。

操作步骤

（二）红字销售出库单

选择【供应链】→【销售管理】→【销售出库】→【销售出库单—新增】，进入新增界面，首先选择红字，再选择“源单类型”为“退货通知”，在“选单号”输入框按 F7 快捷键，找到相应的退货通知单，单击返回（注意：有多个物料退回时需要多选后再返回），补充完成相关内容，保存后，由主管人员审核。

录入的红字销售出库单可以在【供应链】→【销售管理】→【销售出库】→【销售出库单—维护】界面中查询或修改。注意查询时如果只查询蓝字，就无法看到红字单据。

操作一点通

录入完红字销售出库单后，在【销售出库单—维护】中查询该单据，红字销售出库单的数量都为负数。

单据明细列表最后有"检验是否良品"字段，选择"否"，可以进入"返修仓"，留待后续处理。如果选择"是"，只能先放入普通仓类型的仓库。

相关知识

红字销售出库单的作用。在金蝶K/3系统中沿用了财务会计的习惯，在会计处理中，红字表示反方向操作。所有红字类的单据都是与原使用作用相反的单据，红字销售出库单表示从客户退回商品到本企业。

操作步骤

（三）红字销售发票

选择【供应链】→【销售管理】→【销售发票】→【销售发票—新增】，进入新增界面，首先根据发票类型（增值税/非增值税），在左上角切换发票类型，再选择红字。选择"源单类型"为"销售出库单"，再在"选单号"输入框按F7快捷键，找到相应的红字销售出库单，单击返回（注意：有多个物料退回时需要多选后再返回），补充完成相关内容，保存后，由主管人员审核。

录入的红字销售发票可以在【供应链】→【销售管理】→【销售发票】→【销售发票—维护】界面中查询或修改。

操作一点通

销售退货业务中，注意销售发票和销售入库单都要保持为红字。

相关知识

红字销售发票的作用。红字销售发票是进行后续退款的依据。

练习

国内销售部业务员万明于2014年10月10日接到行者自行车俱乐部的投诉，（接P135课后练习）反映其购买的40个HUB头盔（X5 蓝色 278g）中有3个有质量缺陷，要求换货，经过沟通同意换货，万明通知仓库准备接收退回货物，预计10月16日前收到退货。

仓库管理员何佳于2014年10月15日收到退货，将退回货物暂时放入返修仓，等待检修。批次为原货物批次。

因为客户要求换货，销售部2014年10月17日通知仓库再发3个HUB头盔补给客户。

仓管员何佳于2014年10月20日从产成品仓发出3个给客户。

提问　　当客户要求换货而不退款时，应该如何处理？业务流程有什么变化？

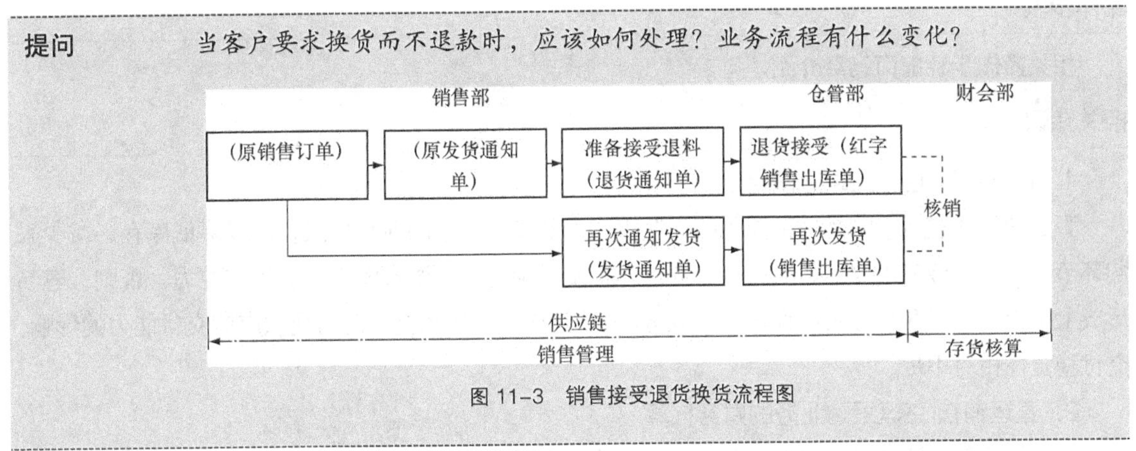

图 11-3　销售接受退货换货流程图

四、直运销售/直运采购

任务引入

创世公司代理销售的商品中，有些商品价格高，周转比较慢。为了减少资金积压，对于这类商品，该企业采用直运销售模式，不备成品库存，在客户要货的情况下才进行采购，将采购货物直接送客户。举例如下。

国内销售部销售员万明 2014 年 9 月 8 日接到吉林大众自行车有限公司订购 SIM 避震前叉（SIM RLC 32mm 行程 80）200 个，销售单价都是 4 800 元（不含税价），增值税税率 17%，约定 2014 年 9 月 23 日前交货。

采购部采购员崔小燕根据销售情况，2014 年 9 月 12 日向 SIM BICYCLE 有限公司订购 SIM 避震前叉（SIM RLC 32mm 行程 80）200 个，采购价 3 300（不含税价），增值税税率 17%，约定 2014 年 9 月 20 日前交货，直接发运给吉林大众自行车有限公司（吉林南联路 1086 号）。

2014 年 9 月 21 日收到 SIM BICYCLE 有限公司开出的销售增值税发票，金额税额同采购订单。财务部满军在系统中登记采购发票，货到 30 天以银行汇票结算。

2014 年 9 月 24 日在确定吉林大众自行车有限公司收到货物后，财务部满军开出销售增值税发票，发票金额与税额同销售订单，到货后 60 天以银行汇票付款。

业务流程

我们把直运销售/直运采购模式分为以下几个业务流程，如图 11-4 所示。

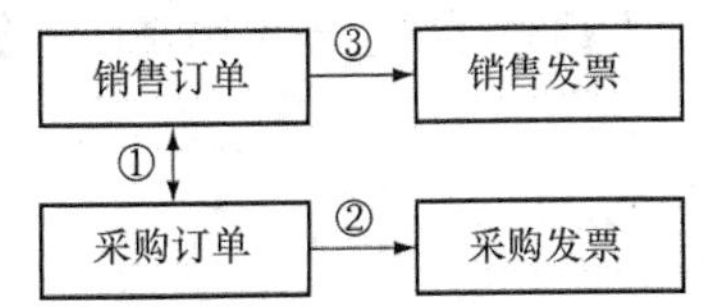

图 11-4　直运销售/直运采购业务流程图

操作步骤

相关操作步骤前面已经介绍。

相关知识

1. 直运销售/直运采购的作用

直运销售和直运采购是一种简化的作业模式，是以销定采的典型模式，可以降低库存，减少采购环节，提高资金使用效率。当然也有缺点，就是必须对上下游资源有足够的掌控力，否则，容易形成上下游企业绕开我方企业直接达成业务。另外其交货时效和交付能力受供应商交付能力的影响，交付稳定性相对不足。

2. 直运销售/直运采购业务的财务核算

由于该业务不涉及货物进出，因此财务核算时不需要进行存货核算，相关发票不需要和入库单钩稽。采购发票和销售发票分别直接计入采购成本和销售收入。

任务三 销售业务查询

一、销售订单全程跟踪

任务引入

在从签订销售订单到销售交货的业务过程中，管理人员常常需要监控企业的作业步骤进行到哪个阶段，完成了什么步骤，系统提供了有效的监督控制方法。

操作步骤

1. 方法一：通过“下查”功能实现流程追踪

从销售订单开始，逐级进行下查，可追踪整个从销售接单、安排计划、组织采购、组织生产到最终交货的完整过程。

> 提问　找到“车前轮（24 英寸）”、“车前轮（28 英寸）”销售订单进行下查，能看到哪些单据？你能划出单据流程图吗？

2. 方法二：通过报表查询

在【供应链】→【销售管理】→【销售订单】→【销售订单全程跟踪】中可查询销售订单的执行情况。

二、销售业务相关报表

任务引入

销售管理部门经常要通过各种报表监控销售各环节的情况，可以通过报表分析实现对销售行为的监控和效益分析。

操作步骤

在【供应链】→【销售管理】→【报表分析】下，打开查询相关报表。

提问　你能看出以下报表的主要用途吗?

销售毛利润表：________________

产品销售增长分析：________________

产品销售流向分析：________________

产品销售结构分析：________________

信用数量分析：________________

信用额定分析：________________

信用期限分析：________________

委托代销清单：________________

分期收款清单：________________

客户销售增长分析表：________________

业务员销售增长分析表：________________

部门销售增长分析表：________________

项目小结

销售是企业实现利润的必备环节。销售实现在企业有标准业务流程进行管理，并且根据企业需要可以采用多种形式的销售模式和业务流程。通过本项目的学习，理解了标准销售业务处理方式，掌握了一些特殊销售业务模式，并且掌握了如何制定营销策略，管理经常变化的销售价格，学会使用信用管理功能控制销售坏账的发生，并理解销售常见报表与分析。

项目十二 仓存管理

项目重点

- 组装拆卸作业
- 盘点业务处理
- 库存查询方法
- 库存报表与分析

任务一 仓存业务处理

一、其他入库业务

任务引入

2014年9月1日，在完成初始化正式启用系统后，仓管员发现系统录入初始数据时遗漏了部分数据。产成品仓遗漏了1 000个高亮车前灯（12LED 黑银色 防水），成本价12元（不含税价）；2 000个高亮车前灯（5LED 银灰色），成本价15元（不含税价）；2 000个高亮车尾灯（5LED 红色），成本价15元（不含税价）。现补录系统，经过确认，该产品是苏州照明供应的。

操作步骤

选择【供应链】→【仓存管理】→【验收入库】→【其他入库—新增】，单击进入其他入库新增窗口，根据案例内容填制单据内容，保存后由主管人员登录系统审核。

操作一点通

由于采用其他入库单的原因较多，可以根据原因对其他入库单进行分类，以方便统计，可以在其他入库单单据的“入库类型”中选择类型。“入库类型”数据可以在【公共资料】→【辅助资料】中进行自定义，满足企业多样性的需要。

相关知识

1. 其他入库单的作用

其他入库单是处理其他类型产品入库的单据。金蝶K/3系统把不能归类为采购入库、委外加工入库、加工产品入库这几类典型入库业务的其他入库业务归为其他入库单，其原因多种多样，本案例只是其中一种情况。

2. 其他入库单物料成本的确定方式

一般仓存人员在处理单据时不必录入单位成本，入库产品成本由财务人员在存货核算系统中核定。

二、其他出库业务

任务引入

2014 年 9 月 28 日国内市场部业务员万明因为洽谈业务的需要从产成品仓领用了 HUB 头盔（X3 银灰 280g），HUB 头盔（X3 玫红 280g），HUB 头盔（X5 蓝色 278g）各 1 个作为样品送给了顺德天宇自行车厂。

操作步骤

选择【供应链】→【仓存管理】→【领料发货】→【其他出库—新增】，单击进入其他入库新增窗口，根据案例内容填制单据内容，保存后由主管人员登录系统审核。

操作一点通

由于采用其他出库单的原因较多，可以根据原因对其他出库单进行分类，以方便统计。可以在其他出库单单据的“出库类型”中选择类型。“出库类型”数据可以在【公共资料】→【辅助资料】中进行自定义，满足企业多样性的需要。

相关知识

1. 其他出库单的作用

金蝶 K/3 系统把不能归类为销售出库、领料出库、委外加工出库这 3 种典型出库业务以外的出库业务归为其他出库单，其原因多种多样，本案例只是其中一种情况。

2. 其他出库单物料成本的确定方式

一般仓存人员在处理单据时不必录入单位成本，出库产品成本由财务人员在存货核算系统中核定。

3. 合理使用其他入库/出库单据

建议企业尽量少使用其他类单据进行出入库。因为对于其他出库单和其他入库单，在后续财务核算环节并不能采用统一模式核算和生成凭证，需要财务人员逐一甄别，核算工作量较大，容易形成财务黑洞，使用过多容易造成混乱。

三、调拨管理

任务引入

2014 年 9 月 20 日由于需要准备成品包装，仓管员何佳将彩色卡板纸盒 500 个从原材料仓调到产成品仓库，为打包工作做准备。

业务流程

我们把该业务分为两种：实仓货物之间的调拨采用调拨单（也称为实仓调拨单），虚仓之间的调拨采用虚仓调拨单。实仓和虚仓之间不能进行调拨。

实仓：调拨单

虚仓：虚仓调拨单

操作步骤

选择【供应链】→【仓存管理】→【仓库调拨】→【调拨单—新增】，单击进入调拨单新增窗口，根据案例内容填制单据内容，保存后由主管人员登录系统审核。

提问 审核调拨单前后，分别查询仓库的库存，看看库存有什么变化？

操作一点通

如果调拨的出入仓库采用仓位管理，调拨单制作时还需要制定相应的移出和移入货位。

相关知识

仓库调拨单的作用。仓库调拨是指将物料从一个仓库转移到另一个仓库，也可进行一个仓库之中不同货位的移动。仓库调拨单是记录企业物料在库间或库内移动，实现对物料的位置完整跟踪的单据。

四、组装/拆卸作业

任务引入

2014 年 9 月 18 日，为了进行促销，公司决定将高亮车前灯和高亮车尾灯捆绑为促销装销售，要求仓库完成改包装的操作。具体操作：1 个高亮车灯套装=1 个高亮车前灯（5LED 银灰色）+1 个高亮车尾灯（5LED 红色）+1 个彩色卡板纸盒（20×40×80），需要完成 500 套，共花费费用 500 元，在产成品仓库完成操作。

业务流程

改包装是典型的流通加工业务，一般只须进行简单的组装或拆卸即可完成，不涉及复杂生产加工，用仓储管理系统中的组装拆卸作业即可完成。如果某种产品的组装/拆卸业务经常进行，可以将组装的产品结构以组装 BOM 的形式保存下来，方便后续使用（见图 12-1）。

组装业务：组装单

拆卸作业：拆卸单

图 12-1 组装/拆卸业务流程图

操作步骤

选择【供应链】→【仓存管理】→【组装拆卸作业】→【组装单—新增】，根据案例内容填制单据内容，保存后由主管人员登录系统审核。

提问 审核组装单前后，请分别查询其他出库单/其他入库单，看看有什么变化？为什么？

操作一点通

组装单单据体中，第一行物料一定要填写计划组装的组装母件。该物料的“物料属性”一定是“组装件”。本案例中“高亮车灯套装”就是组装件类型物料。

拆卸单单据体中，第一行物料一定要填写被拆卸的拆卸母件。

相关知识

组装 BOM 功能和生产 BOM 类似，一般层级更少，使用简单，详细用法请参考项目三任务二物料清单（BOM）。

五、赠品管理业务

任务引入

前面采购管理任务中向风速贸易有限公司采购 HUB 头盔，收货时仓管员何佳发现商品多出了 220 个快干运动毛巾（蓝色），与采购部核实后得知原来是风速贸易有限公司按 1:1 的比例赠送了快干运动毛巾作为促销品，共 220 个，该产品不记价格。确认原因后，何佳将该促销毛巾收入赠品仓。

前面销售管理任务中万明销售给北京大城车行 HUB 头盔的同时，通知仓库按照供应商的 1:1 的比例发送赠品运动毛巾给客户，共 100 个。仓管员何佳发送 HUB 头盔的同时也发出赠品。

业务流程

本案例说的赠品是不计价值的赠送品，在商业企业里常常发生在促销过程中，赠品收发往往伴随相应商品的出入库同时发生，但是由于不能核算价值，因此不能归入采购和销售行为，也不会进行销售结算，并只能存放于赠品仓（其仓库属性为“赠品仓”）。其业务流程如图 12-2 所示。

图 12-2　赠品管理业务流程图

操作步骤

（1）依次选择【供应链】→【仓存管理】→【虚仓管理】→【虚仓入库】，单击“确定”按钮跳过过滤界面，选择菜单“新增”，添加虚仓入库单。选择“连属单据号码”，按 F7 快捷键，选择相应的外购入库单。

（2）依次选择【供应链】→【仓存管理】→【虚仓管理】→【虚仓出库】，单击“确定”按钮跳过过滤界面，选择菜单“新增”，添加虚仓出库单。选择“连属单据号码”，按 F7 快捷键，选择相应的销售出库单。

操作一点通

赠品出入库行为一般伴随其他业务同时发生，因此在录入单据时，选择“连属单据号码”，建立和其他业务的联系关系，方便以后查询和追踪。

如果赠品出入库业务是单独发生的，也可以不和相应采购或销售发生联系。

相关知识

1. 赠品管理的作用

本案例所涉及的赠品是指由供应商赠送给本企业，不计价值的商品，而对于需要计算价值的赠品，可以采用其他出入库业务。

注意　　全蝶 K/3ERP 系统中实仓存放货物既需要管理数量，也需要管理商品金额价值；虚仓中的货物只管理数量，不管理金额。

2. 虚仓管理的方式

虚仓管理是指与赠品仓和代管仓的仓存业务相关的单据的新增及其他相关处理，包括虚仓入库、虚仓出库、虚仓调拨等单据及序时簿相关功能和业务的处理以及虚仓业务报表的处理。

相对于实仓管理而言，虚仓管理的方式没有实仓管理那么严格，除了商品不能进行金额核算外，也不能进行保质期、批次管理等精细管理功能。

六、盘点业务

任务引入

企业于 2014 年 9 月 30 日对原材料、半成品、产成品 3 大仓库，进行月末仓库盘点，发现原材料仓库库存彩色卡板纸盒（20×40×80）数量比账面多 1 000 个，辐条（14#）数量比账面多了 200 个；产成品仓中 SIM 车把套（PTE 矽乳胶材料、银色边）数量比账面少 100 个，SIM 车把套（PTE 矽乳胶材料、金色边）比账面少 300 个，做盘盈盘亏处理（由系统根据盘点数据生成盘盈单、盘亏单）。

业务流程

其业务流程如图 12-3 所示。

操作步骤

1. 备份账存数据

选择【供应链】→【仓存管理】→【盘点作业】→【盘点方案—新建】，进入盘点方案新建的界面，选择备份截止日期和需要盘点的仓库。备份账存数据只是针对实仓进行，虚仓暂不进行处理。

它可以在任何时间进行，月中、月末都可以。

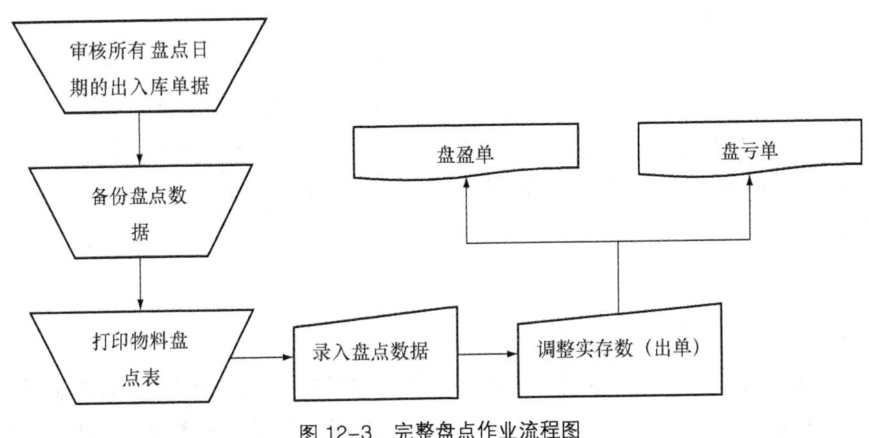

图 12-3　完整盘点作业流程图

备份时，系统会进行数据检查，备份截止时间前，如果仓库还有未审核的出入库单据，系统将提示不能备份，可以通过【供应链】→【仓存管理】→【报表分析】→【出入库流水账】查询找出有哪些未审核的单据，审核完相应单据后才能进行盘点备份操作。

如果某仓库已经备份，而且该仓库还未输出盘点单，则系统也不能备份该仓库数据。

2. 打印盘点表

打印库存盘点表是用于仓管人员记录实际库存数的。选择【供应链】→【仓存管理】→【盘点作业】→【盘点表打印】，进入物料盘点表界面，单击工具栏中的“打印”按钮即可打印该表。

3. 录入盘点数据

将盘点的数据如实录入到盘点表中。选择【供应链】→【仓存管理】→【盘点作业】→【盘点数据—录入】，进入录入数据的界面，直接在“盘点数量”栏录入数据。

如果盘点的物料在备份数据中有库存，根据本案例，将调整后的数据直接录入“盘点数量”栏。例如，如果 A 材料的账存数据有 2 300 个，比账面多了 1 000 个，那么就录入 3 300 个在“盘点数量”栏。

如果盘点出来的物料备份数据中没有库存，那么可以单击工具栏上的“添加”按钮，添加该物料条目和盘点数量。

操作一点通

录入数据主要录入实存数据。如果采用批次管理的物料，需要输入各批次产品的数量。

4. 编制盘点报告/生成盘盈单和盘亏单

选择【供应链】→【仓存管理】→【盘点作业】→【编制盘点报告】，进入物料盘点报告单界面，分别单击物料盘点报告单左上角的“盘盈单”、“盘亏单”，系统自动生成盘盈盘亏单，并给予审核确认。

生成的盘盈单/盘亏单可以在【供应链】→【仓存管理】→【盘点作业】→【盘盈单—维护】或【盘亏单—维护】中进行修改。

操作一点通

注意在金蝶 K/3 ERP V13.0 版本中，盘盈单和盘亏单必须一次生成，如果只生成其中一种单据就退出编制盘点报告界面，那么另外一种单据将无法继续生成。可以将之前生成的这张单据删除，然后才能重新进入编制盘点报告界面，一起生成两种单据。

相关知识

1. 备份盘点数据的意义

盘点方案体现了盘点的意图和策略，可以根据盘点的目标选择部分或全部物料进行盘点。盘点就是要实现账存数据和实存数据之间的比对，发现库存偏差。因此两个数据必须基于相同时间点。备份数据可以将某个时点的账存数据备份下来，以方便后续比对，又不影响后续出入库作业的进行。金蝶 K/3 ERP 系统支持备份当前即时库存，也支持备份指定日期的库存。备份指定日期的库存时会根据当前库存和备份日期以后的出入库单据倒算指定日期时的账面库存量，得到准确数据。

2. 不能备份数据的处理方法

金蝶 K/3 ERP 系统备份某天的库存数据要求该日期前的出库单据必须审核，否则不能备份数据，这是因为未审核的单据会影响库存准确度。例如，A003 物料 9 月 30 日仓库实际库存为 300 个，但是 9 月 25 日有一笔领料单领用 120 个，实际材料已经领出仓库，但是单据未审核，那么系统账面库存仍然为 420 个。如果以此数据来盘点，会出现盘亏 120 个的情况，实际上该物料并未亏空。为了避免该现象出现，系统要求备份时间之前的出入库单据必须审核。

3. 如何查询未审核的出入库单据

可以通过【供应链】→【仓存管理】→【报表分析】下面的【出入库流水账】或者【物料收发明细表】的功能来查询。查询过滤条件设置的时候，单据状态要选择“未审核”。

4. 账存数、实存数、盘点数、调整数的含义

盘点表中设置了“账存数、实存数、盘点数、调整数”四栏，“账存数”是与盘点日最近的账面截止日（即盘点备份日）的库存余额；“实存数”是截止账面日库存实际的余额，它是盘点的实际数量和还未入账的出入库单加/减之后的库存余额，系统通过“选单”选择盘点期间的单据并自动计算实存数；“盘点数”是盘点日盘点人实际清点的库存额；“调整数”是调整账存数量的，调整数量录入后会影响盘点报告单的中的账存数量（在录入盘点数量界面账存数量不会有变化），从而会影响盘盈盘亏数量。盘点报告单界面账存数量=录入盘点界面账存数量+调整数量。用户须注意，在录入数据时，此栏数据慎重录入。

5. 选单的功能

选单，即选择盘点期间的单据。由于账存日和实际盘点日不可能完全一致，这样自备份账存日到实际盘点日可能有物料的出入库事务发生，所以系统设置选择盘点期间的单据进行自动加减，计算实际应有的库存余额。在查看菜单中单击“选择单据”，或单击工具栏的“选单”按钮，系统会自动查找相关的单据并计算实存数。

6. 盘点表打印为什么没有账面数据

金蝶采用的是盲盘方式，盘点人员盘点时不知道账存数据，可以减少舞弊的发生，提高数据准确度。

任务二 库存业务查询

ERP 的仓储管理系统是供应链运营过程结果的综合体现。通过对库存的分析可以监控供应链运营过程，并发现存在的问题，以帮助管理优化。因此 ERP 系统为库存管理提供了大量的查询功能和报表帮助企业查询统计所需要的数据，为企业提供了高效快速的库存分析提供技术手段，对于系统没有的报表，还可以通过自定义功能增加个性化报表满足需要。

一、库存相关业务单据查询

任务引入

仓管人员需要查询 9 月所有的入库单。

操作步骤

选择【供应链】→【仓存管理】→【验收入库】→【验收入库—维护】，单击进入过滤条件窗口，在“条件”选项中，将“红蓝标志”改为“全部”。

在“排序”选项中，选定要排序的记录“日期”，单击“添加”按钮，则排序字段框中自动增加了刚才选择的“日期”字段，排序方式系统提供“升序”、“降序”两种，可以自由选择。同样操作，增加排序字段“供应商”，排在上面的是第一排序字段，依次类推。本案例先按日期排序，然后是供应商。如果想先按供应商排序，则选定供应商，单击右边的“上移”按钮即可。

在“表格设置”选项中，设置需要显示的内容。

单击“确定”按钮，系统自动将满足条件的记录显示在序时簿窗口。

二、库存报表查询

任务引入

仓管部门经常要通过各种报表监控货物收发情况和库存情况，可以通过报表分析实现对仓库行为的监控和效益分析。

操作步骤

在【供应链】→【仓存管理】→【报表分析】下，打开查询相关报表。

提问　你能看出以下报表的主要用途吗？

库存台账：________________________________

出入库流水账：________________________________

物料收发汇总表：________________________________

物料收发明细表：______________________________

收发业务汇总表：______________________________

物料收发日报表：______________________________

生产任务执行明细表：______________________________

安全库存预警分析表：______________________________

超储短缺库存分析表：______________________________

库存账龄分析表：______________________________

保质期清单：______________________________

库存ABC分析：______________________________

库存呆滞料分析：______________________________

库存配套分析表：______________________________

保质期预警分析表：______________________________

生产批次跟踪表：______________________________

物料批次跟踪表：______________________________

序列号跟踪分析表：______________________________

辅助属性统计分析表：______________________________

三、历史/当前/未来库存查询

任务引入

仓库管理人员不仅要了解仓库现有库存情况，往往还希望了解未来库存的变动情况，并且能够追溯历史库存变动的原因。

操作步骤

1. 历史库存查询

选择【供应链】→【仓存管理】→【报表分析】，通过常见的统计报表，例如，“出入库流水账”、“物料收发明细表”等报表，就可以清楚查询任意物料历史发生的物料变动情况，在该界面中，可以双击任何一行数据打开相应单据查看引发库存变动的具体原因。

2. 当前库存查询

选择【供应链】→【仓存管理】→【库存查询】→【即时库存查询】，单击进入就可以在该界面中了解当前库存的情况。

3. 未来库存查询

选择【供应链】→【仓存管理】→【库存查询】→【库存状态查询】，单击进入就可以在该界面中了解未来一段时间库存可能变动的情况。库存状态查询功能类似一个小型MRP的计算功能，能够把未来的库存（已分配量、预计入库量、锁库量等）因素都计算出来，让操作者更准确把握未来库存的变动。

项目小结

仓存管理是企业供应链过程的关键节点，也是物流管理效率高低的重要体现，它和采购、销售、生产等多个业务环节协同运营，保障企业供应链的高效运行。

通过本项目学习，除了前面相关模块学习过的进、出库业务外，还学习了其他出、入库业务、调拨、组装/拆卸业务、赠品管理、盘点等业务的处理，并了解多种库存统计报表和分析方式，熟悉对历史/当前/未来库存的查询方法，建立动态库存概念，建立库存优化的思想，进一步加深 MPS/MRP 计划对库存影响的理解。

*项目十三 存货核算

项目重点

- 存货核算的概念
- 不同业务存货核算的会计处理方法
- 存货核算结果的查询与分析
- 凭证模板设置与凭证生成

任务一 入库核算

一、外购入库核算

任务引入

9 月底，财务人员需要根据本月采购情况核算所有采购物料的准确成本。根据会计准则，采购物料的准确成本要以采购发票为准。因此在月底结算时会面临两种情况：①本月发生的采购已经收到采购发票；②本月发生的采购还未收到采购发票。财务会计首先从有发票的采购物料进行核算，对于本月没有收到发票的将在下一节处理。

操作步骤

（一）钩稽采购发票

采购发票的钩稽具有特殊性，其实际意义是采购发票和外购入库单的核对，钩稽的主要作用是进行实际成本的匹配确认，最后通过外购入库核算后，使外购入库单的成本与采购发票保持一致。无论是本期或以前期间的发票，钩稽后都作为钩稽当期发票来计算成本。

发票审核后，选择【供应链】→【采购管理】→【采购发票】→【采购发票—维护】，单击进入采购发票过滤窗口，选择全部发票，单击“确定”按钮，进入采购发票序时簿，选择一张还没有钩稽的发票，单击“钩稽”按钮，第一次执行时，提示选择要显示的列，设置完成后进入发票钩稽界面。发票钩稽窗口的上半部分显示了参与钩稽的发票列表，左边显示了本次钩稽的发票数量。发票钩稽窗口的下半部分显示了参与钩稽的外购入库单列表，左边显示了本次钩稽的外购入库单数量。本次钩稽的发票数量与本次钩稽的外购入库单数量原则上应保持一致。选择对应钩稽的采购发票、费用发票和外购入库单，单击“钩稽”按钮，系统提示成功。

本次只做 9 月份的核算，因此只需要钩稽发票日期在 9 月份的采购发票。

钩稽日志的查看：可以在【供应链】→【采购管理】→【采购发票】→【采购发票—钩稽日志】中查看。可以按“钩稽序号”排序，以方便查看发票和入库单的对应关系。在该界面也可以进行反钩稽操作。

（二）分配采购费用

选择【供应链】→【存货核算】→【入库核算】→【外购入库核算】，弹出“条件过滤”对话框。在过滤对话框中“表格设置”页，增加勾选“应计成本费用（本位币）”、“运费税金（本位币）”，单击“确定”按钮，进入“外购入库核算”窗口，窗口中显示出所有已钩稽、已审核的本期红蓝字发票。

选择需要进行费用分配的发票，单击菜单中的【核算】→【费用分配方式】，选择费用的分配方式：按数量分配。费用分配主要是将采购过程中发生的可以计入采购成本的费用按照数量或金额两种方式分配到原材料的采购单位成本中。单击“分配”按钮，系统自动完成费用的分摊工作。

提问　修改费用分配方式为“按金额核算”，重新核算后，查看“应计成本费用”栏目有什么变化，为什么计算出该结果？

操作一点通

只有已经审核并钩稽的发票才能在此进行核算，注意钩稽的期间。

直运采购模式下，由于没有进行外购材料入库，所以直运采购相应的采购发票不需要钩稽。

【系统设置】→【系统设置】→【仓存管理】→【系统设置】中，在“采购系统选项”下有系统参数“与入库单相关联的采购发票钩稽时自动钩稽”，勾选该参数，系统会自动钩稽有入库单关联的采购发票，可以简化操作。

相关知识

1. 勾稽的作用

勾稽主要是确认发票、费用发票和入库单之间的业务匹配关系，钩稽是发票与入库单确认的标志，ERP 系统根据钩稽关系核算成本和费用，所以说钩稽是核算入库成本的依据。

2. 采购发票、费用发票和外购入库之间的关系

在供应链系统中，一张采购发票可以与多张外购入库单、多张费用发票钩稽，多张发票也可以与一张外购入库单、一张费用发票钩稽，同样，多张采购发票可以与多张外购入库单、多张费用发票钩稽。

操作步骤

（三）进行核算

单击“核算”按钮，完成外购入库成本核算。

提问　核算完后，选中一张发票，单击菜单中“查看—对应入库单”，观察哪些外购入库单单据中价格有变化？为什么？

相关知识

采购费用分配的方法。在外购入库核算时分配的费用必须是能够摊入物料成本的采购费用。核算成功是正确生成外购入库凭证的前提，因为只有经过核算才能保证采购发票与外购入库单金额平

衡。外购入库实际成本根据相关联的采购发票和用户录入的各种采购费用自动计算得到，支持多币别核算。

可选择按数量、金额或手工分配 3 种方式分配采购费用。计入外购入库成本的采购费用和不计入外购入库成本的税金合并生成其他应付单据传递到应付系统。

二、存货估价入账

任务引入

如前文所述，当月末结算时，对于已经采购入库的物料，如果还未收到销售发票，就难以准确确定其价格，但是，因为月末结算的需要，需要暂时给予一个估计价格，按估价记账，待以后月份收到发票后，再重新以准确价格记账，并调整差异。

项目八任务二暂估入库中采购的彩色卡板纸盒（20×40×80）价格经过财务查询历史存货价值，估计为 3 元/个，据此登记入账。

操作步骤

选择【供应链】→【存货核算】→【入库核算】→【存货估价入账】，弹出“条件过滤”对话框，选择“全部”，单击“确定”按钮，进入“暂估入库核算”窗口，窗口显示出所有未钩稽、已审核的本期红蓝字发票。双击入库单据，打开直接输入成本，保存并退出。

操作一点通

暂估方式有两种，一种是手工在单据上录入，另一种是在“无单价单据维护”模块中进行单价更新。本案例演示的是第一种方法，第二种方法参考后面的操作。

三、自制入库/盘盈入库核算

任务引入

财务部根据前面盘点的结果，考虑商品的历史平均库存成本，确定企业盘盈产品的入库成本：SIM 避震前叉（RLC 32mm 行程 80）的成本价 3 000 元/个，辐条（14#）1.5 元/个。

操作步骤

选择【供应链】→【存货核算】→【入库核算】→【自制入库核算】，弹出“条件过滤”对话框，事务类型框中选择 “盘盈入库”，单击“确定”按钮，进入“自制入库核算”窗口，手工录入单位成本，单击“核算”按钮。

操作一点通

在“自制入库核算”“过滤”界面的事务类型框中选择“盘盈入库”，系统会抓取本期的盘盈入库单进行核算。

在“自制入库核算”“过滤”界面的事务类型框中选择“产品入库”，系统会抓取本期的产品入库单进行核算。

使用成本管理模块的成本获取：自制物料的成本需要经过成本核算才能得到准确数据，该功能需要在“成本管理”模块中根据成本核算规则核算得到。若成本系统已启用，产品入库的成本可直接从成本系统导入。

手工录入/Excel 导入成本；没有使用“成本管理”功能的企业，可以在系统外计算后，录入系统或者通过 Excel 批量导入系统。

四、其他入库核算

任务引入

项目十二任务一其他入库业务中，需要确认价格，根据财务确认高亮车前灯（12LED 黑银色 防水）成本价为 12 元（不含税价），高亮车前灯（5LED 银灰色）成本价为 15 元（不含税价），高亮车尾灯（5LED 红色）成本价为 15 元（不含税价）。

项目十二任务一组装/拆卸作业中，产生了其他入库业务，财务根据组装产品价格确认高亮车灯套装成本价格为 40 元/个。

操作步骤

（1）选择【供应链】→【存货核算】→【入库核算】→【其他入库核算】，弹出“条件过滤”对话框，选择“全部”和“其他入库（非组装/非拆卸核算）”，单击“确定”按钮，进入“其他入库核算”窗口，手工录入单位成本，单击“保存”按钮即可。

（2）选择【供应链】→【存货核算】→【入库核算】→【其他入库核算】，弹出“条件过滤”对话框，选择“全部”和“其他入库（组装核算）”，单击“确定”按钮，进入“其他入库核算”窗口，手工录入单位成本，单击“保存”按钮即可。

五、委外加工入库核算

任务引入

材料出库核算成功以后就可以算出委外加工入库的材料费。

操作步骤

选择【供应链】→【存货核算】→【入库核算】→【委外加工入库核算】，弹出“条件过滤”对话框选择“全部”进入界面后，单击“核销”按钮，选择委外加工入库对应的委外加工发出单，录入本次核销数量，再单击“核销”按钮，完成后单击“核算”按钮。

操作一点通

委外加工材料入库核算需要和出库材料相核销，才能准确计算委外加工核算的成本。

本案例没有 9 月发生的委外加工入库业务，可以跳过本节。

任务二 出库核算

在前面的讲解中各种物料的出库只有数量的进出，没有金额的核算。本节重点讲述供应链业务系统中不同存货出库成本核算的处理过程，为物料确定出库成本。本系统出库核算中的不确定单价单据是由系统根据入库情况和物料计价方法自动计算生成的。

出库核算中有一种单据是“不确定单价单据”，其是指发生的供应链业务财务人员不能确定单价，因为本书中案例没有涉及此业务，所以在此说明，其操作方法和暂估入库的方法是一致的，只要将其估算成本录入即可，到能够确定成本时再将差额补上。

一、材料出库核算

任务引入

计算本期 2014 年 9 月所有出库材料的成本。

业务流程

系统会自动计算发出材料的成本。材料出库核算，系统首先检查是否还有已审核但没有单价的入库单，如有则给予相应的提示，确认是否继续。这时用户可以选择“是”或“否”，当选择“是”，则继续进行出库成本核算；反之，则停止出库核算。采用实际成本法时，自动按选定的存货计价方法计算每一张出库单上各物料的发出单价；采用计划成本法时，系统首先计算材料成本差异率，然后在出库单上自动填入计划单价并计算发出金额，最后计算发出材料应分摊的材料成本差异。

操作步骤

选择【供应链】→【存货核算】→【出库核算】→【材料出库核算】，进入产成品出库核算的界面，然后根据向导进行相关的操作。

单击“下一步”按钮，结转本期所有物料。

单击“下一步”按钮，进入下一界面。建议勾选“写成本计算表”和“写错误日志”，当出现错误或想要查看成本计算的过程时，可以通过报告查看相应的成本计算表和错误日志。

操作一点通

注意：材料出库核算是针对物料属性为外购类的物料进行计算的。

材料出库核算完成后可以查看成本计算表，看相关成本计算的逻辑。

单击“下一步”按钮，进入下一界面。

单击“完成”按钮，则完成了产成品的出库核算。此时查看单据或汇总表，会发现发出的产成品的成本都已计算出来。

相关知识

1．材料出库核算的作用

该模块主要用来核算材料（物料属性为外购类的物料）出库成本，一般在成本计算、委外加工入库核算、其他入库核算前必须进行材料出库核算，如未先进行材料出库核算，而直接进行成本计算、委外加工入库核算、其他入库核算则可能造成对应产品成本不准确。

2．材料出库核算的逻辑顺序

系统会按照物料代码和仓库（组）顺序，逐个对物料、仓库（组）计算，计算时须用到的资料有期初余额、本期入库数量及入库成本、物料的计价方法、出库数量。同一条出库记录，由于物料采用的计价方法不同，可能计算出不同的单位出库成本。各种计价方法可在系统中并行使用，用户应深入理解各种计价的定义和差别。

3. 材料出库核算的异常处理

若核算的物料入库核算未完成（有入库单的单价为零，包括红字），系统会提示出错。根据选项决定是否停止继续核算其他物料。用户应到入库核算模块，完成相关的入库核算。

若出现负结存出库，系统会根据系统设置中的负结存出库选项，来决定出库成本，若选择手工录入，则会收集到不能确定单价的单据中。

对于红字出库单据和调拨单，系统也会根据系统选项设置来决定出库成本。

关于“先进先出法”、“加权平均法”等核算方法的计算逻辑，请参考财务会计的相关知识。

二、产品出库核算

任务引入

计算本期 2014 年 9 月所有出库半成品、成品的成本。

业务流程

该模块主要用来核算产品（是指物料属性为非外购类的物料）出库成本，其操作流程与材料出库核算类似。

操作步骤

选择【供应链】→【存货核算】→【出库核算】→【产成品出库核算】，进入出库核算的界面，然后根据向导进行相关的操作。

单击“下一步”按钮，结转本期所有物料。

单击“下一步”按钮，进入下一界面。建议勾选“写成本计算表和写错误日志”，当出现错误或想要查看成本计算的过程时，可以通过报告查看相应的成本计算表和错误日志。

单击“下一步”按钮，进入下一界面。

单击“完成”按钮，则完成了材料的出库核算。此时查看单据或汇总表，会发现发出材料的成本都已计算出来。

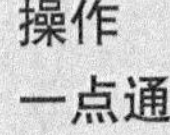

操作一点通

该模块主要用来核算产品（是指物料属性为非外购类的物料）出库成本。

产品出库核算完成后可以查看成本计算表，了解相关成本计算的逻辑。

相关知识

1. 产品出库核算的作用

该模块主要用来核算加工半成品和产成品（物料属性为自制类等生产物料）出库成本，一般在成本计算、委外加工入库核算、其他入库核算前必须进行产品出库核算，如未先进行产品出库核算，而直接进行成本计算、委外加工入库核算、其他入库核算则可能造成对应产品成本不准确。

2. 产品出库核算的逻辑顺序

系统会按照物料代码和仓库（组）顺序，逐个对物料、仓库（组）计算，计算时须用到的资料有期初余额、本期入库数量及入库成本，物料的计价方法、出库数量。同一条出库记录，由于物料采用的计价方法不同，可能计算出不同的单位出库成本。各种计价方法可在系统中并行使用，用户应深入理解各种计价的定义和差别。

3. 产品出库核算的异常处理

若核算的物料入库核算未完成（有入库单的单价为零，包括红字），系统会提示出错。根据选项决定是否停止继续核算其他物料。用户应到入库核算模块，完成相关的入库核算。

若出现负结存出库，系统会根据系统设置中的负结存出库选项，来决定出库成本，若选择手工录入，则会收集到不能确定单价的单据中。

对于红字出库单据和调拨单，系统也会根据系统选项设置来决定出库成本。

关于“先进先出法”、“加权平均法”等核算方法的计算逻辑，请参考财务会计的相关知识。

三、不确定单价核算

任务引入

对本期2014年9月发生的所有没有单价单据，确认其成本。

操作步骤

选择【供应链】→【存货核算】→【无单价单据维护】→【无单价单据更新—序时簿式】，弹出过滤条件，单击“确定”按钮进入无单价单据的序时簿界面，双击打开单据，手工录入单价，保存。除了序时簿形式外，还有按物料汇总更新和按类型更新，在此不多讲。

操作一点通

一般情况下，不确定单价单据是对应于出库核算的，比如进行了材料出库核算后，会产生不确定单价单据，可以到此功能中来维护；如果又进行产成品出库核算，也会产生不确定单价单据，则也可以到此功能中来维护。

相关知识

1. 无单价单据产生的原因

不确定单价的单据在出库核算过程中产生，主要包括以下几种类型。

（1）本期未核算的入库单，表现为入库单上单价、金额为零，包括红字入库单。

（2）出库时，出现负结存。负结存出库是指出库时，库存数量不够发出，并且直到期末时仍无入库数量补够，采用加权平均法的物料，若本月有加权平均单价，则负结存出库单优先取该单价，若没有，根据负结存出库核算选项。

（3）核算时当前出库单价为负数，导致无法更新单价的蓝字出库单。

（4）分仓（组）核算调拨单时，若出现负结存，则按用户选择的单价来源选项确定单价，注意调出仓库先核算，而调入仓库后核算。

单据更新单价来源有：计划价、最新入库价、最新出库价、本期平均出库价、本期平均入库价、本期平均入库价（蓝字）、本期平均出库价（蓝字）、本期平均入库价（红字）、本期平均出库价（红字）、上期最新出库价、期初余额加权平均价等。

2. 无单价单据处理

用户在实际应用中由于各种原因常常会遇到出入库单无法直接确定单价的情况，而“无单价单据维护”模块则给用户提供“无单价单据”单价确认的各种方式和确认规则。从整体上看，系统提供了计划价、最新出库价、最新入库价等单价来源，也提供了整体更新法、序时簿式更新法、物料汇总更新法等多种更新方式。

任务三 凭证处理

生成凭证是存货核算最终的目的，是将供应链与账务相结合的过程，是供应链业务系统与总账系统的接口，在存货核算系统中生成的凭证，可以立刻传输到总账系统中去。本节主要讲述凭证生成的过程，而核算各种供应链的成本是生成凭证的基础。

一、凭证模板设置

任务引入

制作“采购发票（发票直接生成）”对应的业务凭证模板。

业务流程

供应链业务生成凭证可以手动生成，也可以由系统自动生成的，但自动生成凭证必须要有一定的格式，编制凭证模板和正确设置会计科目是关键。供应链业务的相关凭证处理步骤如图 13-1 所示。

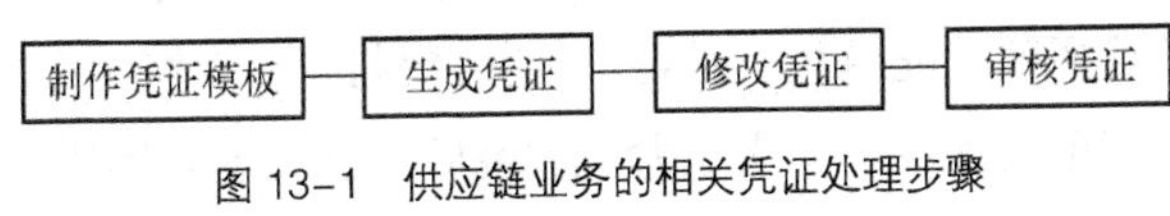

图 13-1　供应链业务的相关凭证处理步骤

操作步骤

制作凭证模板。凭证模板共分两大类——实际成本法部分和计划成本法部分，每个大类中都有基本相同的供应链业务（计划成本法多了计划调价和调整材料成本差异），每个业务都必须制作相应的模板。

本案例使用的计价方式是加权平均法，所以使用第一个大类。

选择【供应链】→【存货核算】→【凭证管理】→【凭证模板】，进入凭证模板新增的界面，在“采购发票（发票直接生成）”下新增凭证模板，如表 13-1 所示。

表 13–1　　　　　“采购发票（发票直接生成）”业务的凭证模板实例

模板编号	A222	模板名称	采购记账	凭证字	记
科目来源	科目	借贷方向	金额来源	摘要	核算项目
单据上物料的存货科目		借	采购发票不含税金额	[购货发票.物料名称]	
凭证模板	应交增值税	借	采购发票税额	[购货发票.供货单位]	
单据上的往来科目		贷	采购发票价税合计	[购货发票.供货单位]	供应商：供货单位

相关知识

1. 默认凭证模板设置

一种核算单据可设置多个凭证模板，可指定某个凭证模板为默认凭证模板，并可设置为在每次生成凭证前指定模板。

2. 凭证模板的取数方式和数据来源

凭证模板科目来源灵活，可选择从物料资料中的科目、部门资料中的科目、单据上的科目或固定科目取数。

系统会根据凭证模板中科目下挂的核算项目与单据上字段（包括自定义字段）的对应关系，自动将单据上的相应信息携带到凭证中。

金额来源可选择单据上所有金额类型的字段，包括自定义的金额类型字段。

3. 凭证模板关键字段解释

模板编号：用户自定义输入，录入不重复的模板编号，可以是数字或字母。

模板名称：一般按业务内容输入。

科目来源：系统设置了多种科目来源，包括：①凭证模板，是唯一从系统基础资料中会计科目取数的形式；②取自单据上物料的存货科目、销售收入科目、销售成本科目、材料成本差异科目，这四种科目在设置物料代码时已设置在物料中了。如果物料的存货科目设定为原材料科目，则在此处会计科目就是“123 原材料”；③单据上部门的核算科目，科目设置在部门资料中。

科目：只有科目来源选择“凭证模板”时要选择会计科目，其他都不必输入。

金额来源：①外购入库单实际成本，指除去增值税后实价加上分摊的采购费用；②采购发票税额，取自采购发票上录入的税额；③采购发票价税合计，采购发票中物料实价加上增值税税额，不含采购费用；④采购费用，指采购此物料或分摊的可以进物料成本核算的采购费用。

核算项目：当所取的会计科目有下挂核算项目时，可以在此定义核算项目。

操作一点通

系统是按默认模板生成凭证的，所以在生成凭证前要把设置好的模板设置为默认模板。方法是：“编辑”菜单下“设为默认模板”。

练习　制作“销售收入——赊销”业务凭证模板。

在“销售收入——赊销”下新增凭证模板，如表 13-2 所示。

表 13-2　“销售收入——赊销”业务的凭证模板实例

模板编号	S001	模板名称	赊销销售收入	凭证字	记
科目来源	科目	借贷方向	金额来源	摘要	核算项目
单据上往来科目		借	销售发票价税合计	[销售发票.购货单位]	客户：购货单位
单据上物料的销售收入科目		贷	销售发票不含税金额	[销售发票.产品名称]	
凭证模板	应交增值税	贷	销售发票税额	[销售发票.购货单位]	

新增后，设置该模板为“默认模板”。

二、生成凭证

任务引入

使用“采购发票（发票直接生成）”业务凭证模板，生成凭证。

操作步骤

选择【供应链】→【存货核算】→【凭证管理】→【生成凭证】，进入界面，勾选“外购入库单（单据直接生成）”，单击“重设”按钮，弹出过滤条件，选择“全部”，过滤出符合条件的单据，按 Shift 快捷键可选择多张单据同时生成凭证。

操作一点通

按单生成凭证：一张单据生成一张凭证。

按单据类型生成汇总凭证：选择相同类型或相同业务的多张单据生成一张汇总的凭证。

所有选择单据生成汇总凭证：所有选择的多张单据生成一张汇总的凭证。

生成凭证过程中，系统对“科目合并选项”提供了多个选择：借方相同科目合并、贷方相同科目合并等。

任务四　其他特殊业务处理

一、期初金额调整处理

任务引入

企业于 2014 年 9 月 30 日发现 8 月底准备的期初初始化财务账中的钢珠和辐条帽的数量正确，但是记账成本比实际各少了 300 元，需要进行金额调整。

操作步骤

（1）选择【供应链】→【存货核算】→【期初调整】→【期初余额调整】，进入期初余额的界面，录入调整后金额，单击工具栏“出单”按钮。

（2）生成的成本调整单可以在【供应链】→【存货核算】→【期初调整】→【成本调整单】界面查看，双击单据，可以打开单据查看。

当然，也可以直接新增成本调整单。只能录入本期及以后期间的成本调整单，仓库、物料为必录项，若物料实行批次管理，则批次为必录项。金额调整单可录入负数，反映库存金额调减。

相关知识

1．期初金额调整的作用

由于种种原因，企业库存存货在数量账存、实存一致的情况下，金额仍会账实不符，如数量为零，金额不为零，需要单独进行期初余额调整。对于出入库单据的金额调整，则可通过成本调整单进行，金额调整模块可处理成本调整单的录入和维护。

物料期初金额调整是指仓库物料的数量正确但金额有误，只调整金额不调整数量的业务处理。对于加权平均法和移动平均法的物料可通过直接修改结存金额的方式来调整期初金额。对于分批认定法、先进先出法、后进先出法的物料应双击“批次/顺序号”，调整明细批次（序列）的金额。对于计划成本法的物料应调整结存差异。

2．成本调整单

系统将调整差额自动生成成本调整单，日期为本期间的第一天，并自动审核。可通过成本调整模块查看。调整后的期初余额行在下次进入期初余额调整模块时，金额会回复到调整前，但与未调整过的行的填充颜色不同，再次调整出单时，会删除上一次生成的同仓库同物料的成本调整单。

无论成本调整单金额为正或为负，在报表中均反映在收入方。在出库核算时，若物料采用加权平均法，则参与加权平均单价的计算；若物料采用移动平均法，也会调整当前平均单价；若物料采用分批认定法，则会调整该批次的当前结存单价和金额；若物料采用先进先出法、后进先出法，则正金额为入库序列，负金额为出库序列；若物料采用计划法，因成本调整单无数量，均表现为入库的材料成本差异。

二、期初仓存异常余额汇报表

任务引入

查询期初仓存异常的情况。

操作步骤

选择【供应链】→【存货核算】→【期初调整】→【期初仓存异常余额汇报表】，进入报表查询界面，因为没有异常余额出现，所以在该报表里面没有记录显示。

相关知识

期初仓存异常余额汇报表反映本期期初仓存余额中存在的物料数量余额为 0，但金额不为 0 的异常余额信息，这部分数据是期初仓存余额中的异常数据，一般需要进行期初余额调整。汇报表中生成的成本调整单与在期初余额调整中生成的成本调整单功能是无缝连接的，即两者只需要在一个地方生成成本调整单即可，如果一方已经对本物料生成了成本调整单，再对另一方生成成本调整单时，系统会自动删除前一张成本调整单，而保存最新的这张成本调整单；同时不论哪边生成了成本调整单，在汇报表的相同信息行中都会显示出对应的成本调整单号。

任务五 期末结账

一、期末关账

任务引入

月末财务将对 9 月所有物流业务进行财务核算，但是如果核算的同时还有 9 月的物流单据输入，核算就难以保证准确。系统提供“关账”功能解决该问题。

操作步骤

选择【供应链】→【存货核算】→【期末处理】→【期末关账】，进入关账界面，单击“关账”按钮。

相关知识

关账的作用。关账后，将不能录入当前月份的出入库单据，就提供了一个稳定的财务核算环境。关账后，当前期间并不改变，但不允许录入当前期间的出入库单据、计划价调价单和金额调整单。根据核算参数选项确定关账后是否允许对本期的核算单据进行修改、作废和反审核。期末结账时，并不判断是否已关账。若已关账，系统会在结账成功并且会计期间下移一个周期后，自动反关账。

二、对账

任务引入

完成 9 月所有核算工作后，和财务总账进行对账，确认和总账中存货相关科目（原材料、半成品、库存商品等科目）是否一致。

操作步骤

选择【供应链】→【存货核算】→【期末处理】→【期末关账】，进入关账界面，单击“对账”按钮。

相关知识

1. 对账的作用

对账可将核算系统的存货余额及发生额与总账系统存货科目余额及发生额进行核对，从而保证供应链与财务的一致性。

2. 对账不平的原因

若对账不平，用户可从以下几个方面查找原因。

（1）还有仓存单据未生成凭证。

（2）凭证模板设置不正确，存货收发未与存货科目借贷相对应。

（3）总账中有直接录入的涉及存货科目的凭证。

（4）暂估冲回后未继续暂估或生成外购入库凭证。

（5）异价调拨单是否生成凭证。

仓存与总账对账时，仓存取的是存货收发存汇总表的数，总账取的是科目余额表的数。

三、期末结账

任务引入

当财务部完成 9 月所有核算和记账工作后，就可以进行结账，结账完成后，系统将跨入第 10 期。

业务流程

期末结账截至本期核算单据的处理，计算本期的存货余额，并将其转入下一期，同时系统当前期间下置。期末结账前，会对本期的核算单据进行检查，从而判断物流业务是否已处理完整，若不完整，会给出相应的提示，并可在该模块联查相关的序时簿和报表。

操作步骤

选择【供应链】→【存货核算】→【期末处理】→【期末结账】，进入结账的界面，单击“下一步”按钮，按向导操作即可。

相关知识

期末结账的作用。结账完成后，系统将跨入下一个月份。只有结账后，才能对下一个月份中的物流业务进行财务核算。一旦结账成功，前期数据将不允许修改。

项 目 小 结

存货核算是供应链系统和财务系统衔接的关键环节，是对物流变动后带来的资金流变动情况进行核算的关键环节。与成本管理模块衔接，能够帮助企业准确核算材料价值，进行更加精确的成本核算。

通过本项目的学习，能够掌握存货核算的基本过程和财务核算方法，理解材料计价的基本概念，学习物流业务和财务凭证之间的关系，巩固所学习的基础会计的知识，建立完整的信息流、物流、资金流集成的理念。